普通高等教育经管类专业系列教材

会计信息系统应用
——供应链
(U8+ V15.0教学版)(云实训)

刘大斌　余冰冰　主　编
何连峰　焦睿姝　副主编

清华大学出版社
北京

内 容 简 介

本书以突出实际应用为主导思想,以一个商业企业常见的经济业务为原型,重点介绍了用友U8+供应链管理系统各核心子系统的主要功能和业务处理方法。书中为读者贴身定做了几十个实训项目,并提供了云实训平台,每个实训既环环相扣,又可以独立运作,还可以拆分成颗粒度更小的任务。通过云实训技术优势,每个任务可以随意进行组合和练习,以适应不同层次的教学需要。

本书共设8个项目,按照企业业财一体化的实施过程,依次介绍了企业建账、初始化——静态数据、初始化——动态数据、采购管理、销售管理、库存管理、存货核算和期末处理。书中以系列实训的形式详解了各个模块主要业务的处理,对必要的理论知识进行针对性说明,拓展任务则对全国大学生会计信息化技能竞赛中相关的应用点加以提示,以帮助读者了解会计信息化竞赛对会计从业人员的能力要求。

本书可作为普通高等院校会计及经济管理等相关专业的教学用书,也可作为在职会计人员学习用友U8+的自学读本。

本书封面贴有清华大学出版社防伪标签,无标签者不得销售。
版权所有,侵权必究。举报: 010-62782989, beiqinquan@tup.tsinghua.edu.cn。

图书在版编目(CIP)数据

会计信息系统应用: U8+ V15.0教学版·云实训.供应链/刘大斌,余冰冰主编.—北京: 清华大学出版社, 2023.6(2025.7重印)
普通高等教育经管类专业系列教材
ISBN 978-7-302-63442-3

Ⅰ.①会… Ⅱ.①刘…②余… Ⅲ.①会计信息—财务管理系统—高等学校—教材 Ⅳ.①F232

中国国家版本馆CIP数据核字(2023)第076300号

责任编辑: 刘金喜
封面设计: 常雪影
版式设计: 孔祥峰
责任校对: 成凤进
责任印制: 曹婉颖

出版发行: 清华大学出版社
网　　　址: https://www.tup.com.cn, https://www.wqxuetang.com
地　　　址: 北京清华大学学研大厦A座　　　邮　编: 100084
社 总 机: 010-83470000　　　邮　购: 010-62786544
投稿与读者服务: 010-62776969, c-service@tup.tsinghua.edu.cn
质 量 反 馈: 010-62772015, zhiliang@tup.tsinghua.edu.cn

印 装 者: 三河市铭诚印务有限公司
经　　销: 全国新华书店
开　　本: 185mm×260mm　　　印　张: 14.75　　　字　数: 378千字
版　　次: 2023年6月第1版　　　印　次: 2025年7月第2次印刷
定　　价: 59.00元

产品编号: 102080-01

编写委员会

主任编委

王新玲　刘大斌

副主任编委

郭　玲　　苗若婷　　张　菊　　周英珠
黄　娟　　何连峰　　焦睿姝

编　委

(以姓氏拼音为序)

陈祥喜	陈雁华	邓铭予	丁淑芹	丁小红	范存斌
郭小帆	郭旭晗	郭　兆	郝晓媛	何雨谦	赖邹娅
李繁叶	李宇轩	刘慧姝	刘嘉宁	刘灵云	刘　萌
罗　平	马丽丽	牛晓生	彭　咸	任我凤	荣　静
山小花	史耀雄	苏　皓	苏丽杰	王文浩	徐福亮
徐齐君	杨叠叠	杨瑞芳	杨少杰	杨先忠	姚海丽
俞小丽	郁春兰	张娇姝	张　萍	张小静	张晓婷
赵业佳	钟　杰	朱廷辉	朱雪丹		

前言

本书以企业业财一体化应用为目标,以商业企业购销存业务管理信息化为实训背景,将企业经常性购销存业务整理作为实训案例,按照企业信息化实施过程划分为企业建账、初始化——静态数据、初始化——动态数据、采购管理、销售管理、库存管理、存货核算、期末处理8个项目,涵盖了U8+供应链应用的主要内容。

本书贯彻党的二十大精神,坚持为党育人,为国育才,遵照国家教育事业发展"十四五"规划纲要,全面落实立德树人根本任务。为了达到培养适合企业需要的会计信息化专门人才的目标,本书编写人员集中优势资源,以工学结合为切入点,根据课程内容和学生特点,精心打造了这一立体化、新形态教材。

本书的主要特色表现在以下3个方面。

1. 实训主导,理论简明

每个实训均按实训任务、任务解析、实训指引展开,各部分作用说明如下。

实训结构项	子项	作用
实训任务		列出以原始单据证明的实训任务
任务解析	背景知识	介绍为完成实训任务必须了解的基本知识、业务流程
	岗位说明	按照岗位分工指明由哪些人完成本实训任务
实训指引		通过详细的实训指导引导学员完成实训任务,通过实训操作理解系统原理

从以上逻辑框架中可以看出,从实训任务到任务解析再到实训指引,遵循了先实践再理论后进阶的认知学习规律。

在实训任务设计中,以证明业务发生的原始凭据为牵引,加深读者对企业真实业务的了解,并能运用所学的经济管理知识,在用友U8+系统中完成对经济业务的记录、统计与核算。

本书中的部分实训还有拓展任务,主要包括两方面内容:一是全国会计信息化赛题中涉及的知识点而在实训设计中未涉及的;二是与主要业务流程不关联的。

2. 线上线下,递进学习

教材是教学活动中最重要的教学资源之一,同时,网络时代还为我们提供了新的教学手段。为满足广大师生多层面的教学需求,本书提供了线上/线下两类教学资源:一是依托"智慧云教学平台"进行线上学习,登录网页即可实训。实训内容分为演示、教程、练习、测试4个学习场景,由易到难,轻松实现递进式学习。二是针对线下学员,提供了实验账套、PPT教学课件等教学资源。

3. 以赛促教,以赛促学

全国高校会计信息化竞赛连续举办多年,已成为院校间教学交流、互动的平台,提升了院校会计信息化教学的水平。因此，本书在实训部分和拓展任务部分力求做到近年会计信息化竞赛规程及知识点的覆盖。

另外，为方便院校考试，作者还会每年更新两套线上实操考试题，通过会计信息云实训QQ群(群号：1034182734)联系群主即可开通使用。

本书由多位老师合作编写，具体分工如下：焦睿姝(太原城市职业技术学院)编写背景资料和项目二；荣静(西北师范大学)编写项目一和项目七；张萍(湖北工业职业技术学院)编写项目三和项目四；余冰冰(杭州电子科技大学)编写项目五；何连峰(西京学院)编写项目六和项目八；刘大斌(厦门商集网络科技有限责任公司)负责对全书进行修改、审定。

限于编者水平，书中难免存在疏漏和不当之处，期待读者提出宝贵的意见和建议。

服务邮箱：476371891@qq.com。

编　者

2023年5月

教学资源使用说明

1. 云实训平台

为便于学生在不安装用友U8+系统的情况下进行实训，本书提供了云实训平台(支持PC、平板电脑、手机)：实训演示+实践操作。通过该平台，学生可以轻松进行实训练习。

可通过扫描下方二维码，直接进入云平台；也可将下方地址输入浏览器地址栏，在PC端打开云平台。

平台地址：http://www.tupwk.com.cn/kjxxh2

扫码进入云平台

2. 教学资源

为便于教学和自学，本书还提供了以下资源：
- 实验账套备份
- PPT教学课件
- 思政元素

上述资源存放在云盘上，读者可通过扫描下方二维码直接下载，也可将链接推送到自己的邮箱通过PC端下载。

实验账套下载　　　　　　　　PPT 课件 + 思政元素下载

若出现资源无法下载或云实训平台操作方面的问题，请致电010-62784096，也可发送邮件至服务邮箱476371891@qq.com。

3. 线上考题

为方便院校考试，作者每年更新两套线上实操考试题，任课教师可通过会计信息化云实训QQ群(群号：1034182734)联系群主开通使用。如需使用本地ERP云实训平台，请与群主联系。

目 录

背景资料 ··· 1
一、企业简介 ·· 1
二、实训说明 ·· 2

项目一　企业建账　5

实训一　增加用户 ··· 5
　　实训任务 ··· 5
　　任务解析 ··· 5
　　实训指引 ··· 6
实训二　建立账套 ··· 8
　　实训任务 ··· 8
　　任务解析 ··· 9
　　实训指引 ·· 10
实训三　为用户设置权限 ······························ 14
　　实训任务 ·· 14
　　任务解析 ·· 15
　　实训指引 ·· 16
实训四　输出/引入账套 ································ 20
　　实训任务 ·· 20
　　任务解析 ·· 20
　　实训指引 ·· 20

项目二　初始化——静态数据　23

实训一　机构人员设置 ································· 23
　　实训任务 ·· 23
　　任务解析 ·· 24
　　实训指引 ·· 24
实训二　客商信息设置 ································· 27
　　实训任务 ·· 27
　　任务解析 ·· 29
　　实训指引 ·· 29
实训三　存货设置 ······································· 33
　　实训任务 ·· 33
　　任务解析 ·· 35
　　实训指引 ·· 35

实训四　业务设置 ······································· 39
　　实训任务 ·· 39
　　任务解析 ·· 40
　　实训指引 ·· 40
实训五　财务设置 ······································· 44
　　实训任务 ·· 44
　　任务解析 ·· 45
　　实训指引 ·· 46
实训六　收付结算设置 ································· 49
　　实训任务 ·· 49
　　任务解析 ·· 50
　　实训指引 ·· 51
实训七　单据设置 ······································· 53
　　实训任务 ·· 53
　　任务解析 ·· 54
　　实训指引 ·· 54

项目三　初始化——动态数据　57

实训一　采购管理系统初始化 ······················· 57
　　实训任务 ·· 57
　　任务解析 ·· 57
　　实训指引 ·· 58
实训二　销售管理系统初始化 ······················· 60
　　实训任务 ·· 60
　　任务解析 ·· 60
　　实训指引 ·· 61
实训三　库存管理系统初始化 ······················· 62
　　实训任务 ·· 62
　　任务解析 ·· 63
　　实训指引 ·· 63
实训四　存货核算系统初始化 ······················· 65
　　实训任务 ·· 65
　　任务解析 ·· 66
　　实训指引 ·· 67
实训五　应付款管理系统初始化 ···················· 70
　　实训任务 ·· 70

任务解析…………………………………71
　　　实训指引…………………………………72
■ 实训六　应收款管理系统初始化………74
　　　实训任务…………………………………74
　　　任务解析…………………………………75
　　　实训指引…………………………………75
■ 实训七　总账系统初始化………………78
　　　实训任务…………………………………78
　　　任务解析…………………………………79
　　　实训指引…………………………………80

项目四　采购管理　　　　　　　　85

■ 实训一　普通采购业务…………………85
　　　实训任务…………………………………85
　　　任务解析…………………………………87
　　　实训指引…………………………………89
■ 实训二　有现金折扣的采购业务………93
　　　实训任务…………………………………93
　　　任务解析…………………………………95
　　　实训指引…………………………………96
■ 实训三　单到回冲的采购业务…………102
　　　实训任务…………………………………102
　　　任务解析…………………………………103
　　　实训指引…………………………………105
■ 实训四　采购运费处理…………………108
　　　实训任务…………………………………108
　　　任务解析…………………………………109
　　　实训指引…………………………………110
■ 实训五　采购退货业务…………………113
　　　实训任务…………………………………113
　　　任务解析…………………………………114
　　　实训指引…………………………………115
■ 实训六　视同买断的受托代销业务……119
　　　实训任务…………………………………119
　　　任务解析…………………………………121
　　　实训指引…………………………………123

项目五　销售管理　　　　　　　　129

■ 实训一　普通销售业务…………………129
　　　实训任务…………………………………129
　　　任务解析…………………………………130
　　　实训指引…………………………………131

■ 实训二　付定金的销售业务……………135
　　　实训任务…………………………………135
　　　任务解析…………………………………137
　　　实训指引…………………………………138
■ 实训三　销售代销商品…………………145
　　　实训任务…………………………………145
　　　任务解析…………………………………147
　　　实训指引…………………………………147
■ 实训四　直运销售业务…………………151
　　　实训任务…………………………………151
　　　任务解析…………………………………154
　　　实训指引…………………………………155
■ 实训五　销售退货业务…………………160
　　　实训任务…………………………………160
　　　任务解析…………………………………161
　　　实训指引…………………………………162
■ 实训六　分批发货业务…………………165
　　　实训任务…………………………………165
　　　任务解析…………………………………167
　　　实训指引…………………………………168
■ 实训七　分期收款业务…………………173
　　　实训任务…………………………………173
　　　任务解析…………………………………176
　　　实训指引…………………………………177
■ 实训八　视同买断的委托代销业务……185
　　　实训任务…………………………………185
　　　任务解析…………………………………187
　　　实训指引…………………………………188

项目六　库存管理　　　　　　　　195

■ 实训一　对外捐赠业务…………………195
　　　实训任务…………………………………195
　　　任务解析…………………………………195
　　　实训指引…………………………………196
■ 实训二　调拨业务………………………198
　　　实训任务…………………………………198
　　　任务解析…………………………………198
　　　实训指引…………………………………199
■ 实训三　存货盘点业务…………………202
　　　实训任务…………………………………202
　　　任务解析…………………………………202
　　　实训指引…………………………………204

项目七　存货核算　209

实训一　存货跌价准备业务 ·················· 209
　　实训任务 ·································· 209
　　任务解析 ·································· 209
　　实训指引 ·································· 210

实训二　期末处理业务 ······················ 211
　　实训任务 ·································· 211
　　任务解析 ·································· 211
　　实训指引 ·································· 211

项目八　期末处理　215

实训一　月末结账 ·························· 215
　　实训任务 ·································· 215
　　任务解析 ·································· 215
　　实训指引 ·································· 216

实训二　账表查询 ·························· 221
　　实训任务 ·································· 221
　　任务解析 ·································· 221
　　实训指引 ·································· 222

背景资料

本实训教程以北京嘉益达电器有限公司为原型案例,模拟该公司信息化的实施过程。

一、企业简介

1. 企业基本信息

北京嘉益达电器有限公司(以下简称嘉益达电器)是一家专门从事电器零售及批发的商贸企业,主营咖啡机、电烤箱、榨汁机等,在业内具有一定的知名度,产品畅销国内外。公司为一般纳税人,法人代表为陆凯。

2. 组织结构及岗位分工

嘉益达电器董事会下设总经理办公室、财务部、采购部、销售部和仓管部,现行岗位分工及工作职责如表1所示。

表1　嘉益达电器现行岗位分工及工作职责

编码	姓名	隶属部门	职务	主要工作职责
A01	陆凯	总经理办公室	总经理	账套主管权限
W01	周琪	财务部	财务经理	公用目录设置,记账凭证的审核、查询、对账,总账结账,编制UFO报表
W02	冯文	财务部	会计	公用目录设置,总账(凭证处理、查询凭证、账表、期末处理、记账),应付款和应收款管理(不含收付款填制、选择收付款及票据管理的所有功能),存货核算的所有权限
W03	黄健	财务部	出纳	收付款单填制、选择收付款、票据管理、出纳签字、出纳权限
G01	杨杰	采购部	采购员	公共单据、采购管理的所有权限
X01	陈馨	销售部	销售员	公共单据、销售管理的所有权限
C01	李浩	仓管部	仓管员	公共单据、库存管理的所有权限

3. 企业会计核算的基本要求

(1) 科目设置及辅助核算要求

企业目前的会计核算设三级明细科目。

日记账:库存现金、银行存款。

客户核算:应收票据、应收账款、预收账款。

供应商核算:应付票据、应付账款、预付账款。

(2) 会计凭证的基本规定

采用"类别字"为"记"、"类别名称"为"记账凭证"格式。

录入或生成"记账凭证"均由指定的会计人员操作。

含有库存现金和银行存款科目的记账凭证均需出纳签字。

对已记账凭证的修改，只采用红字冲销法。

为保证财务与业务数据的一致性，能在业务系统生成的记账凭证不得在总账系统直接录入。

根据原始单据生成记账凭证时，除特殊规定外不采用合并制单。

(3) 结算方式

公司采用的结算方式包括现金结算、支票结算、商业汇票、电汇、委托收款等。收、付款业务由财务部门根据有关凭证进行处理，在系统中没有对应结算方式的，其结算方式为"其他"。

(4) 外币业务处理

嘉益达电器采用固定汇率方式核算外币业务，期末计算汇兑损益。

(5) 存货业务处理

存货按照实际成本核算，采用永续盘存制。

发出存货成本采用"先进先出法"进行核算。

(6) 税费处理

公司为增值税一般纳税人，增值税税率为13%，按月缴纳。

(7) 财产清查处理

公司每年年末对存货进行清查，根据盘点结果编制"盘点表"，并与账面数据进行比较，由库存管理员审核后进行处理。

(8) 坏账损失处理

除应收账款外，其他的应收款项不计提坏账准备。每年年末，按应收账款余额百分比法计提坏账准备，提取比例为1%(月末视同年末)。

4. 企业信息化

嘉益达电器于2022年初确定了本年实现财务信息化管理的初级目标，经过两个月的慎重选型，在4月份购置了用友U8+ V15.0管理软件(以下简称U8+)，包含总账管理、采购管理、销售管理、库存管理、存货核算、应收款管理和应付款管理7个子系统，目前U8+系统已安装配置完毕，企业已于2022年5月使用U8+，实现企业财务核算工作的信息化。

二、实训说明

1. U8+ 应用模式说明

企业同时选购了7个子系统，在部署上有两种选择：分步部署和集成应用。

(1) 分步部署

分步部署是指先启用一部分子系统，待使用熟练后再启用另外的子系统。例如，先启用总账和采购系统，待平稳运行3个月后再开启销售、库存、存货核算、应收款管理和应付款管理系统。

(2) 集成应用

集成应用是指同时启用7个子系统。

分步部署和集成应用在某些业务处理上是有差异的。例如，企业销售了一批产品，如果只启用了总账子系统而未启用应收款管理子系统，那么需要在总账子系统中输入凭证；如果总账子系统和应收款管理子系统同时启用，那么该笔业务需要在应收款管理子系统中录入销售发票，审核后制单生成凭证传递到总账。

本实训教程采用了集成应用模式，因此不同的业务需要在对应的子系统中进行处理。

2. 实训业务说明

为了完整地体验企业信息化的全过程，本书选用了嘉益达电器2022年5月份的相关业务作为实训资料。每个学员按照实训要求模拟不同的岗位角色完成全部的业务处理。

本实训教程按照7个子系统部署实训任务，这样安排是为了让大家系统地了解每个子系统的功能。但企业的业务是序时随机发生的，如果按照业务顺序序时处理，会打乱按子系统介绍的完整性。为了兼顾子系统功能学习的整体性和企业不同业务的完整性，本书特别将不同子系统处理的业务安排在不同的时间段。

项目一 企业建账

实训一 增加用户

实训任务

根据目前的岗位分工和内控要求,结合U8+的特性,整理嘉益达电器用户信息如表1-1-1所示。

表1-1-1 用户信息

编号	姓名	口令	所属部门	所属角色
A01	陆凯	空	总经理办公室	账套主管
W01	周琪	空	财务部	无
W02	冯文	空	财务部	无
W03	黄健	空	财务部	无
G01	杨杰	空	采购部	无
X01	陈馨	空	销售部	无
C01	李浩	空	仓管部	无

任务解析

1. 背景知识

(1) 用户

用户也称为操作员,是指企业中能够登录U8+进行系统操作的人员。

(2) 系统管理员

在信息化企业中,系统管理员主要负责信息系统的安全,具体包括数据存储安全、系统使用安全和系统运行安全,对应的工作包括监控系统日常运行、网络及系统维护、防范安全风险、数据备份、用户及权限管理等。由于系统管理员的工作性质偏技术,所以其不能参与企业实际业务处理工作。

U8+中默认的系统管理员为admin,初始密码为空(不输入任何字符)。

(3) 账套主管

账套主管一般是企业中某业务领域的业务主管,如财务主管。账套主管要根据企业发展需要及业务现状,确定企业会计核算的规则、确定U8+各子系统参数的设置、组织企业业务处理按规范流程运行。账套主管是U8+中权限最高的用户,拥有U8+所有子系统的操作权限。

2. 岗位说明

在U8+系统中，只能以系统管理员admin身份增加用户。

实训指引

1. 以系统管理员身份登录系统管理

① 双击桌面上的"系统管理"快捷方式，打开"系统管理"窗口。

② 单击"系统/注册"菜单项，打开系统管理"登录"对话框，如图1-1-1所示。

图1-1-1　以系统管理员身份登录系统管理

▽ 栏目说明：

- 第一栏文本框：为"登录到"文本框，显示U8+应用服务器的名称或IP地址。此处默认为本机名称，本机的IP地址为"LAPTOP-EL2E6JVE"。
- 第二栏文本框：为"操作员"文本框，显示U8+系统默认的系统管理员"admin"。
- 第三栏文本框：为密码栏，系统管理员admin的初始密码为空。在企业实际应用中，管理员首次登录时应及时设置密码，以保证系统安全。若要修改密码，可通过选中"修改密码"复选框，进入"设置用户密码"对话框，完成密码的设置。
- 第四栏文本框：选择系统默认账套"(default)"。

③ 以系统管理员(admin)身份进入系统管理。修改"操作员"为"admin"，设置"密码"为空，单击"登录"按钮，进入系统管理界面，结果如图1-1-2所示。

2. 增加用户

① 依次单击"权限/用户"菜单项，进入"用户管理"窗口，该窗口中显示系统安装完成后默认的4位用户。

② 单击工具栏中的"增加"按钮，弹出"操作员详细情况"对话框，按表1-1-1的资料依次录入操作员的信息，每增加完一人，单击"增加"按钮，即可继续录入下一个人员的信息。例如，录入账套主管A01陆凯的信息，结果如图1-1-3所示。

注意，在U8+编辑界面，蓝色字体项目均为必输项，其余项目为可选项。

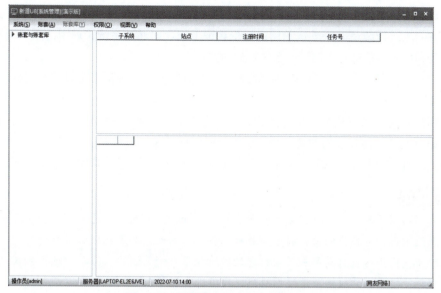

图 1-1-2 以系统管理员身份进入系统管理

图 1-1-3 增加用户

栏目说明：

- 编号：用户编号在U8+系统中必须唯一，即使是不同的账套，用户编号也不能重复。本例录入"A01"。
- 姓名：准确录入该用户的中文全称。用户登录U8+进行业务操作时，此处的姓名将会显示在业务单据上，以明确经济责任。本例录入"陆凯"。
- 用户类型：分为普通用户和管理员用户两种。普通用户指登录系统进行各种业务操作的人员；管理员用户的性质与admin相同，他们只能登录系统管理进行操作，不能接触企业业务。本例选择"普通用户"。

- 认证方式：提供用户+口令(传统)、动态密码、CA认证、域身份验证4种认证方式。用户+口令(传统)是U8+默认的用户身份认证方式，即通过系统管理中的用户管理来设置用户的安全信息。本例采取系统默认的方式。
- 口令：设置操作员口令时，为保密起见，录入的口令字在屏幕上以"*"号显示。本例不设置口令。
- 所属角色：系统预置了账套主管、预算主管、普通员工3种角色。用户可以执行"权限/角色"命令增加新的角色。本例选择所属角色为"账套主管"。

③ 退出。单击"取消"按钮，返回"用户管理"窗口，所有用户以列表方式显示。

> ◆ **特别提醒：**
> ◇ 在增加用户时可以直接指定用户所属角色，如指定陆凯的角色为"账套主管"。由于系统中已经为预设的角色赋予了相应的权限，因此，如果在增加用户时已指定了相应的角色，则其就自动拥有了该角色的所有权限。如果用户权限与所选角色权限不完全符合，可以在"权限"设置中对用户权限进行调整。
> ◇ 如果为用户定义了所属角色，该用户不能被直接删除，必须先取消用户所属角色才能删除。如果所设置的用户在U8+系统中进行过业务操作，也不能被删除。
> ◇ 如果用户使用过系统又被调离单位，应在"用户管理"窗口中单击"修改"按钮，在"修改用户信息"对话框中单击"注销当前用户"按钮，再单击"确定"按钮返回系统管理，此后该用户再无权进入U8+系统。

实训二　建立账套

实训任务

北京嘉益达电器有限公司的账套参数信息如下。

1. 账套信息

账套号：001
账套名称：嘉益达电器
账套路径：采用系统默认路径启用
启用会计期：2022年5月

2. 单位信息

单位名称：北京嘉益达电器有限公司
单位简称：嘉益达电器
单位地址：北京市朝阳区桥北路105号
法人代表：陆凯
税号：235020971DK0011

3. 核算类型

本币代码：RMB

本币名称：人民币

企业类型：商业

行业性质：2007年新会计准则科目

账套主管：陆凯

按行业性质预置科目。

4. 基础信息

对存货和客户进行分类，供应商不分类，有外币核算。

5. 分类编码方案

科目编码级次：4-2-2-2

客户编码级次：2-2

存货分类编码级次：2-2-3

其他保持系统默认设置。

6. 数据精度

存货数量小数位数、存货体积、重量、单价小数位数、开票单价小数位数、件数小数位数、换算率小数位数、税率小数位数均为2。

7. 系统启用

启用总账、应收款管理、应付款管理、采购管理、销售管理、库存管理、存货核算系统，启用日期为2022年5月1日。

任务解析

1. 背景知识

(1) 账套

账套是一组相互关联的数据。每一个独立核算的企业都有一套完整的账簿体系，将这一套完整的账簿体系建立在U8+系统中就是一个账套。在U8+中，可以为多个企业或企业内多个独立核算的部门分别立账，且各账套的数据之间相互独立、互不影响，从而使资源得到充分利用，系统最多允许建立999个企业账套。

(2) 系统启用日期

系统启用日期是指设定在用友U8+中各个子系统开始使用的日期。

通常，只有设置为启用的子系统才可以登录。系统启用有以下两种方法。

① 企业账套创建完成时，直接进行系统启用设置。

② 在企业应用平台基本信息中由账套主管进行系统启用。

2. 岗位说明

在U8+系统中，只能以系统管理员admin身份建立账套。

实训指引

1. 创建企业账套

① 打开"系统管理"窗口,以系统管理员身份登录"系统管理"。

② 创建账套—建账方式。单击"账套/建立"菜单项,打开"创建账套"窗口。选择"新建空白账套"选项,单击"下一步"按钮,进入下一步骤。

③ 创建账套—账套信息。按实训资料录入账套信息,结果如图1-2-1所示。单击"下一步"按钮,进入下一步骤。

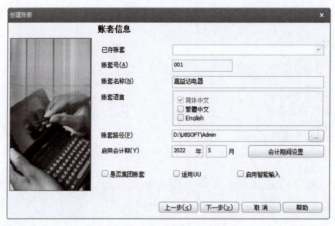

图 1-2-1　创建账套—账套信息

▶ 栏目说明:

- 已存账套:系统将已存在的账套以下拉列表的形式显示,用户只能查看,不能录入或修改,目的是避免重复建账。

- 账套号:账套号是该企业账套的唯一标识,必须录入,且不得与机内已经存在的账套号重复。账套号可为001~999中的3个字符,一旦成功创建则不允许修改。本例录入账套号001。

- 账套名称:可以录入核算单位的简称,进入系统后它将显示在运行的软件界面中。本例录入"嘉益达电器"。

- 账套语言:U8+支持简体中文、繁体中文和英文作为账套语言。系统默认为"简体中文"。

- 账套路径:用来确定新建账套将要放置的位置,系统默认路径为"D:\U8SOFT\Admin",用户可以人工更改。

- 启用会计期:指开始使用U8+系统进行业务处理的初始日期。系统默认为计算机的系统日期,本例录入"2022年5月"。系统自动将自然月份作为会计核算期间。

- 是否集团账套:不选择。

- 适用UU:不选择。

- 启用智能输入:不选择。

④ 创建账套—单位信息。按实训资料录入单位信息,结果如图1-2-2所示。单击"下一步"按钮,进入下一步骤。

项目一 企业建账

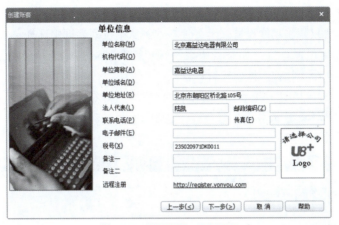

图1-2-2 创建账套—单位信息

栏目说明：

- 单位名称：录入企业的全称。企业全称在正式发票中使用，其余情况可使用企业简称。本例录入"北京嘉益达电器有限公司"。
- 单位简称：用户单位的简称，最好录入。本例录入"嘉益达电器"。

⑤ 创建账套—核算类型。单击"下一步"按钮，按实训资料录入核算类型，结果如图1-2-3所示。

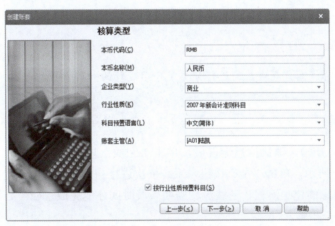

图1-2-3 创建账套—核算类型

栏目说明：

- 本币代码：本例采用系统默认值"RMB"。
- 本币名称：本例采用系统默认值"人民币"。
- 企业类型：系统提供了工业、商业、医药流通3种类型。如果选择"工业"，则系统不能处理受托代销业务；如果选择"商业"，则系统不能处理产成品入库、材料领用出库业务。本例采用系统默认"商业"。
- 行业性质：系统按照所选择的行业性质预置科目。本例采用系统默认"2007年新会计准则科目"。
- 账套主管：如果事先增加了用户，此处可以从下拉表中选择某用户为该账套的账套主管，如果此前尚未设置用户，此处可以先选择列表中的一位用户，待账套建立完成后再利用"权限"功能设置账套主管。本例从下拉列表框中选择录入"[A01]陆凯"。
- 按行业性质预置科目：如果希望系统预置所属行业的标准一级科目，则选中该复选框。本例选中"按行业性质预置科目"。

⑥ 创建账套—基础信息。选中"存货是否分类""客户是否分类"和"有无外币核算"复选框，取消选中"供应商是否分类"复选框，如图1-2-4所示。单击"下一步"按钮，进入下一步骤。

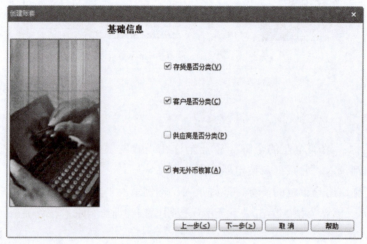

图1-2-4　创建账套—基础信息

❖ **特别提醒：**
- 设置对存货、客户及供应商进行分类是今后统计的一种口径，可以按照分类进行数据统计。
- 如果基础信息设置错误，可以由账套主管在修改账套功能中进行修改。

⑦ 创建账套—开始。确认信息无误后，单击"完成"按钮，系统提示"可以创建账套了么？"，如图1-2-5所示，单击"是"按钮，系统依次进行初始化环境、创建新账套库、更新账套库、配置账套信息的建账流程，这些流程需要一段时间才能完成，应耐心等待。完成以上工作后，自动进入下一步骤。

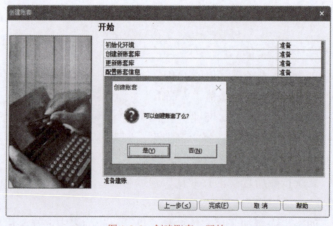

图1-2-5　创建账套—开始

⑧ 创建账套—编码方案。按实训资料进行设置，结果如图1-2-6所示。完成后，单击"确定"按钮，再单击"取消"按钮，进入下一步骤。

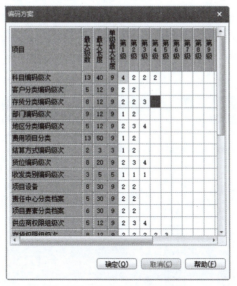

图1-2-6 创建账套—编码方案

❖ **特别提醒：**
- 科目编码级次中第1级科目的编码长度根据建账时所选行业性质自动确定，此处显示为灰色，不能修改，只能设定第1级之后的科目编码长度。
- 删除编码级次时，必须从最后一级向前依次删除。

⑨ 创建账套—数据精度。本例采用系统默认。单击"确定"按钮，系统显示"正在更新单据模板，请稍等"信息提示。完成单据模板更新后，系统弹出建账成功信息提示，如图1-2-7所示。

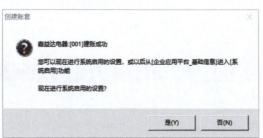

图1-2-7 建账成功信息提示

❖ **特别提醒：**
- 数据精度涉及核算精度问题。
- 当涉及购销存业务环节时，会录入一些原始单据，如发票、出入库单等，需要填写数量及单价，而数据精度定义就用于确定有关数量及单价的小数位数。

⑩ 创建账套—完成。单击"是"按钮，进入"系统启用"任务环节。

2. 系统启用

① 在"系统启用"窗口中,选中"GL总账"前的复选框,打开"日历"对话框。设置总账系统启用日期为"2022-05-01",单击"确定"按钮,弹出"确实要启用当前系统吗"信息提示框,单击"是"按钮,完成总账系统启用,启用人一栏显示"admin"。同理,启用应收款管理、应付款管理、采购管理、销售管理、库存管理、存货核算系统,启用日期均为"2022-05-01",结果如图1-2-8所示。

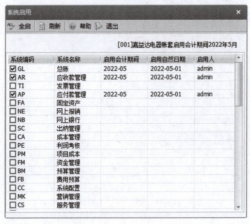

图 1-2-8　系统启用

② 退出。单击"退出"按钮,弹出"请进入企业应用平台进行业务操作!"信息提示框,单击"确定"按钮,返回"系统管理"窗口。

❖ **特别提醒:**

- ◇ 建账完成后,编码方案、数据精度、系统启用项目可以由账套主管在"企业应用平台/基础设置/基本信息"菜单项中进行修改。
- ◇ U8+中任何一个子系统的启用日期都不能早于企业账套的启用日期。

实训三　为用户设置权限

实训任务

按照岗位职责及内控要求,整理嘉益达电器公司用户在U8+中的权限,如表1-3-1所示。

表 1-3-1　用户权限

编码	姓名	操作分工
A01	陆凯	账套主管权限
W01	周琪	公用目录设置,记账凭证的审核、查询、对账、总账结账
W02	冯文	公用目录设置、总账(凭证处理、查询凭证、账表、期末处理、记账)、应付款和应收款管理(不含收付单录入、选择收付款及票据管理的所有功能)、存货核算的所有权限
W03	黄健	收付单录入、选择收付款、票据管理、出纳签字、出纳权限

(续表)

编码	姓名	操作分工
G01	杨杰	公共单据、采购管理的所有权限
X01	陈馨	公共单据、销售管理的所有权限
C01	李浩	公共单据、库存管理的所有权限

任务解析

1. 背景知识

(1) 功能权限

用友U8+管理软件分为财务会计、管理会计、供应链、生产制造、人力资源等功能组，每个功能组中又包含若干模块，也称为子系统，如财务会计中包含总账子系统、应收款子系统、应付款子系统等。每个子系统具有不同的功能，这些功能通过系统中的功能菜单来体现，功能菜单呈树形结构，例如，图1-3-1所示的总账子系统中的功能菜单。

功能权限在系统管理中设定。用户登录U8+后只能看到本人有权限操作的菜单。

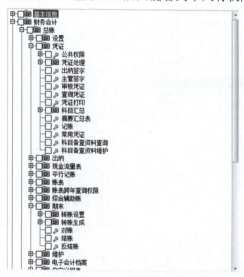

图1-3-1 总账子系统中的功能菜单

(2) 角色

角色是指在企业管理中拥有某一类职能的组织，该组织可以是实际的部门，也可以是由拥有同一类职能的人构成的虚拟组织。例如，实际工作中最常见的会计和出纳两个角色，他们既可以是同一个部门的人员，也可以分属不同的部门，但工作职能是一样的。设置角色后，就可以定义角色的权限，当用户归属某一角色后，就相应地拥有了该角色的权限。

设置角色的优点在于可以根据职能统一进行权限的划分，方便授权。注意，不能以角色身份登录U8+系统进行操作，只能以某个具体用户的身份登录。

2. 岗位说明

以系统管理员admin的身份为用户赋权。

实训指引

1. 为"W01 周琪"赋权

① 角色登录:以系统管理员身份注册进入"系统管理"。

② 进入"操作员权限"窗口:单击"权限/权限"菜单项,进入"操作员权限"窗口。

③ 选择账套:从窗口左上角账套列表下拉框中选择"[001]嘉益达电器"。

④ 检查权限:在操作员列表中选择"W01周琪",此时从右侧窗口中可以看到W01没有任何权限。

⑤ 编辑权限:展开"基本信息",选中"公用目录"复选框;同理,展开"财务会计",选中"总账/凭证"中的"审核凭证""查询凭证"复选框,以及"总账/期末"中的"对账""结账"复选框,结果如图1-3-2所示。

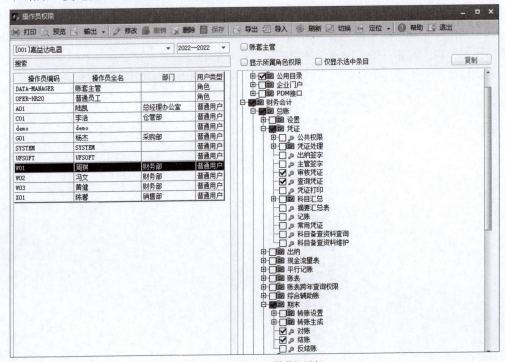

图 1-3-2 为"W01 周琪"赋权

⑥ 保存:单击"保存"按钮,用户"W01"权限设置完毕。

⑦ 退出:单击窗口中的"关闭"按钮,退出任务窗口。

2. 为"W02 冯文"赋权

① 进入"操作员权限"窗口:选择"系统管理"窗口,单击"权限/权限"菜单项,进入"操作员权限"窗口。

② 选择账套:从窗口左上角账套列表下拉框中选择"[001]嘉益达电器"。

③ 检查权限:在操作员列表中选择"W02冯文",此时从右侧窗口中可以看到W02没有任何权限。

④ 编辑权限:展开"基本信息",选中"公用目录"复选框;同理,展开"财务会计",

选中"总账/凭证"中的"凭证处理""查询凭证""记账"复选框;选中"账表""期末"复选框;选中"应收款管理"复选框并展开,取消选中"收款处理"中的"选择收款"、"收款单据录入"中的收款单录入"和"票据管理"复选框,其他权限参照默认设置,结果如图1-3-3和图1-3-4所示。

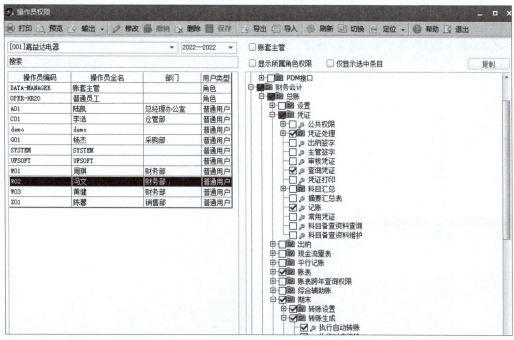

图1-3-3 为"W02冯文"赋权—总账

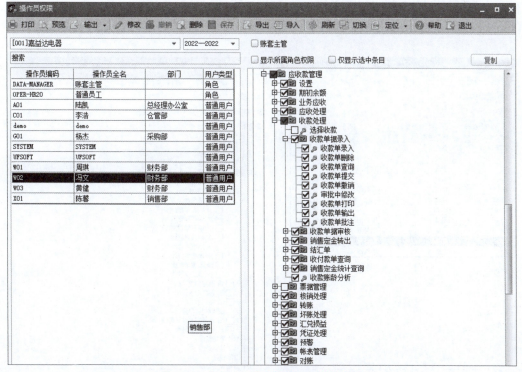

图1-3-4 为"W02冯文"赋权—应收款管理

⑤ 保存：单击"保存"按钮，用户"W02冯文"权限设置完毕。

⑥ 退出：单击窗口中的"关闭"按钮，退出任务窗口。

3. 为"W03 黄健""G01 杨杰""X01 陈馨""C01 李浩"赋权

请学员自行练习为"W03黄健""G01杨杰""X01陈馨""C01李浩"4位操作员赋权，结果如图1-3-5～图1-3-9所示。

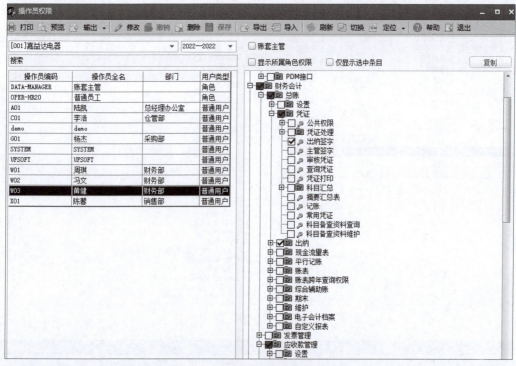

图 1-3-5　为"W03 黄健"赋权—总账

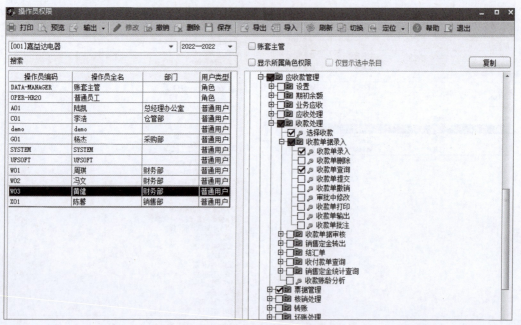

图 1-3-6　为"W03 黄健"赋权—应收款管理

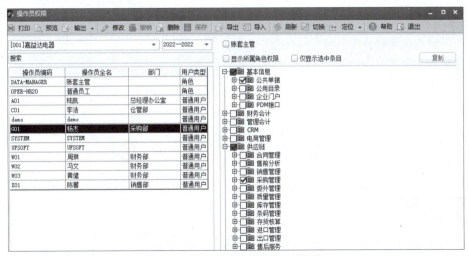

图 1-3-7　为"G01 杨杰"赋权—采购管理

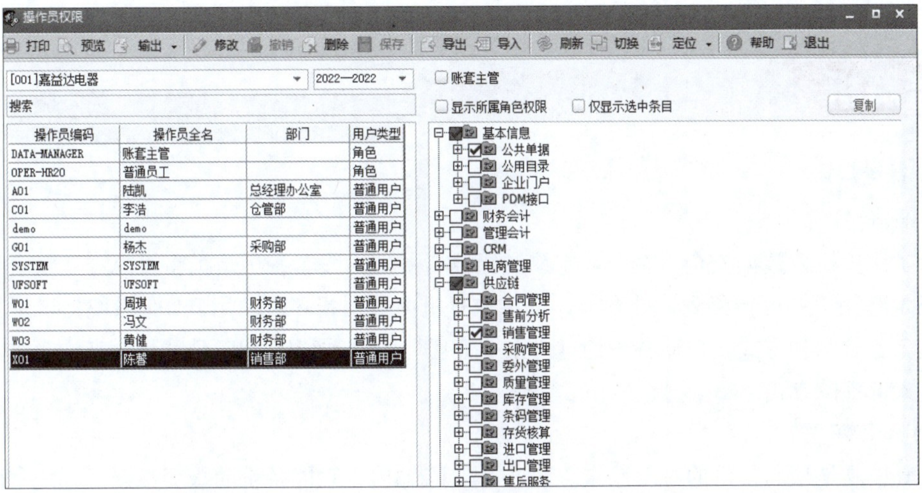

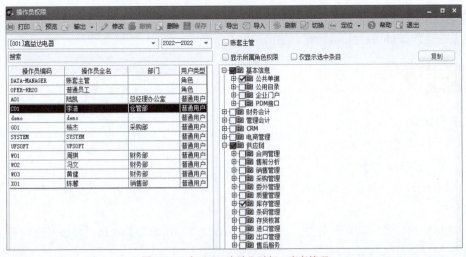

图 1-3-8　为"X01 陈馨"赋权—销售管理

图 1-3-9　为"C01 李浩"赋权—库存管理

> ❖ **特别提醒：**
> ◆ 只有系统管理员才能设置或取消对账套主管的设置。
> ◆ 账套主管用户自动拥有该账套的所有操作权限。
> ◆ 一个账套可以设定多个账套主管。

实训四　输出/引入账套

实训任务

① 将账套备份到"D:\嘉益达电器\1-1企业建账"文件夹中。
② 查看"D:\嘉益达电器\1-1企业建账"中的账套备份文件。
③ 尝试将备份账套引入U8+系统。

任务解析

1. 背景知识

(1) 账套备份

为了保护机内数据安全，企业应定期进行数据备份。账套备份是指将机内企业账套数据输出到指定路径，并可转移到他处存放，以备恢复机内数据损坏时使用。U8+系统提供了自动备份和人工备份两种方式。自动备份通过"系统管理"的"系统/设置备份计划"完成。本实训介绍的是人工备份方式。

(2) 账套恢复

账套恢复是账套备份的对应操作。通过"账套/输出"功能备份的账套数据，无法利用其他应用程序阅读，只有通过U8+系统管理"账套/引入"功能恢复到系统中才能使用。

2. 岗位说明

以系统管理员admin身份进行账套输出和引入。

实训指引

1. 备份账套

① 在"D:\"建立"嘉益达电器"文件夹目录，进入该目录，继续建立"1-1企业建账"子文件夹，用于存放账套输出结果。

② 以系统管理员身份注册进入"系统管理"，单击"账套/输出"菜单项，打开"账套输出"对话框。

③ 选择输出位置：从"账套号"下拉列表中选择要输出的账套，在"输出文件位置"录入框中选择"D:\嘉益达电器\1-1企业建账"，结果如图1-4-1所示。

项目一　企业建账

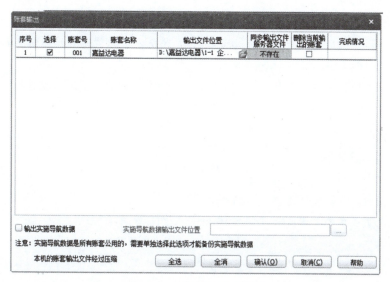

图1-4-1　"账套输出"对话框

④ 单击"确认"按钮，系统将整理企业账套数据库，稍候，弹出"输出成功！"信息提示框，单击"确定"按钮，完成账套备份任务。

❖ **特别提醒：**

- 输出账套之前，最好关闭所有系统模块。
- 如果选中"删除当前输出的账套"复选框，系统会先输出账套，提示是否删除，确认后删除账套。
- 查看账套备份文件。账套输出之后在指定路径下形成两个文件：UFDATA.BAK和UfErpAct.Lst。这两个文件不能被直接打开，只有通过系统管理中的账套引入功能引入U8+中，才能正常查询。

2. 引入账套

① 由系统管理员登录"系统管理"，单击"账套/引入"菜单项，打开"请选择账套备份文件"对话框。

② 按上例，找到"D:\嘉益达电器\1-1企业建账\UfErpAct.Lst"文件，单击"确定"按钮，弹出"请选择账套引入的目录…"信息提示框，单击"确定"按钮，选择引入路径的位置。

③ 选好路径并单击"确定"按钮，弹出"此操作将覆盖[001]账套当前的信息，继续吗？"信息提示框，单击"是"按钮，账套自动进行引入操作。

④ 引入后，系统弹出"账套[001]引入成功！……"信息提示框，单击"确定"按钮，完成账套引入任务。

> **特别提醒：**
> ◇ 如果引入账套时系统中不存在001账套，则系统不会出现是否覆盖信息的提示，而是直接进行账套引入操作。
> ◇ 如果在系统提示框中单击"否"按钮，则返回系统管理，不做账套引入操作。

> **❖ 拓展任务：**
>
> **1. 设置自动备份计划**
> ◇ 功能概要：实现系统自动备份。
> ◇ 路径指引：系统管理/系统/设置备份计划。
> ◇ 岗位说明：系统管理员(账套备份)或账套主管(账套库备份)。
>
> **2. 修改账套**
> ◇ 功能概要：对建账过程中的错误进行修改。
> ◇ 路径指引：系统管理/账套/修改。
> ◇ 岗位说明：账套主管。

项目二 初始化——静态数据

实训一 机构人员设置

实训任务

1. 人员类别

参照表2-1-1完成人员类别设置(新建账套时,系统已预置正式工、合同工、实习生3个人员类别)。

表2-1-1 人员类别

人员类别	档案编码	档案名称
101正式工	1011	企管人员
	1012	采购人员
	1013	销售人员
102合同工		
103实习生		

2. 部门档案

参照表2-1-2完成部门档案的设置。

表2-1-2 部门档案

部门编码	部门名称
1	总经理办公室
2	财务部
3	采购部
4	销售部
5	仓管部

3. 人员档案

参照表2-1-3完成人员档案的设置。

表2-1-3 人员档案

人员编码	人员姓名	性别	部门名称	雇佣状态	人员类别	银行及银行账号	是否操作员	是否业务员
A01	陆凯	男	总经理办公室	在职	企管人员	工行6222020220332016001	是	否
W01	周琪	女	财务部	在职	企管人员	工行6222020220332016002	是	否
W02	冯文	女	财务部	在职	企管人员	工行6222020220332016003	是	否
W03	黄健	男	财务部	在职	企管人员	工行6222020220332016004	是	否
G01	杨杰	男	采购部	在职	采购人员	工行6222020220332016005	是	是
X01	陈馨	女	销售部	在职	销售人员	工行6222020220332016006	是	是
C01	李浩	男	仓管部	在职	企管人员	工行6222020220332016007	是	是

任务解析

1. 背景知识

(1) 企业应用平台

企业应用平台是用友U8+的集成应用平台，是用户登录U8+的唯一入口。

企业应用平台中划分了3个功能组：系统服务、基础设置和业务工作。系统服务主要为系统的安全正常运行而设；基础设置主要是U8+各子系统公用的基本信息、基础档案和单据设置；业务工作中集成了登录用户用友软件操作权限的所有功能模块。

(2) 人员类别

人员类别与工资费用的分配、分摊有关，工资费用的分配及分摊是薪资管理系统的一项重要功能。设置人员类别是为工资分摊凭证设置相应的入账科目，可以按不同的入账科目需要设置不同的人员类别。

人员类别是人员档案中的必选项目，需要在建立人员档案之前设置。

(3) 人员档案

人员档案主要用于记录本企业职工的个人信息。设置人员档案的作用如下。

① 为总账中个人往来核算和管理提供基础档案。

② 为薪资管理系统提供人员基础信息。企业的全部人员均需在此建立档案。

2. 岗位说明

以账套主管A01身份设置机构人员。

实训指引

以"账套主管A01，操作日期2022年5月1日"登录企业应用平台进行设置。

1. 设置人员类别

① 路径指引：依次展开"业务导航/基础设置/基础档案/机构人员/人员/人员类别"菜单项。

② 编辑"1011/企管人员"类别：双击"人员类别"菜单项，打开"人员类别"窗口。在左窗格中选中"正式工"，单击工具栏中的"增加"按钮，设置"档案编码"为"1011"，设置"档案名称"为"企管人员"。

③ 保存：录入完毕，单击"确定"按钮。

④ 编辑其他人员类别：重复前面的步骤，参照表2-1-1录入其他人员类别。

⑤ 退出：单击窗口中的"关闭"按钮，退出任务，结果如图2-1-1所示。

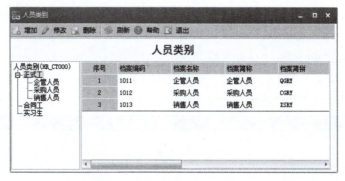

图 2-1-1　设置人员类别

2. 设置部门档案

① 路径指引：依次展开"业务导航/基础设置/基础档案/机构人员/机构/部门档案"菜单项。

② 编辑"1/总经理办公室"部门：双击"部门档案"菜单项，打开"部门档案"窗口。单击工具栏中的"增加"按钮，设置"部门编码"为"1"，"部门名称"为"总经理办公室"。

③ 保存：录入完毕，单击"确定"按钮。

④ 编辑其他部门：重复前面的步骤，参照表2-1-2录入其他部门档案。

⑤ 退出：单击窗口中的"关闭"按钮，退出任务，结果如图2-1-2所示。

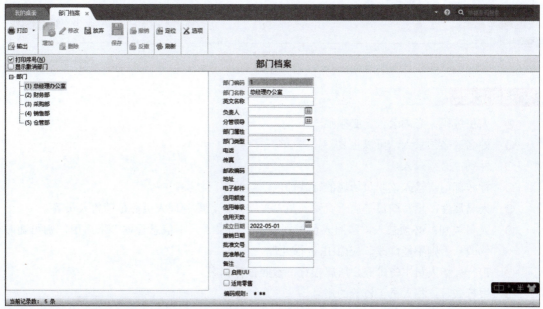

图 2-1-2　设置部门档案

3. 设置人员档案

① 路径指引：依次展开"基础设置/基础档案/机构人员/人员/人员档案"菜单项。

② 编辑"A01/陆凯"人员：双击"人员档案"菜单项，打开"人员档案"窗口。单击工具栏中的"增加"按钮，设置"人员编码"为"A01"、"姓名"为"陆凯"、"性别"为"男"、"行政部门"为"总经理办公室"、"雇佣状态"为"在职"、"人员类别"为"企管人员"、"银行"为"中国工商银行"、"账号"为"6222020220332016001"，选中"操作员"复选框。

③ 保存：录入完毕，单击"保存"按钮。

④ 编辑其他人员：重复上面的步骤，参照表2-1-3录入其他人员档案。

⑤ 退出：单击窗口中的"关闭"按钮，退出任务，结果如图2-1-3所示。

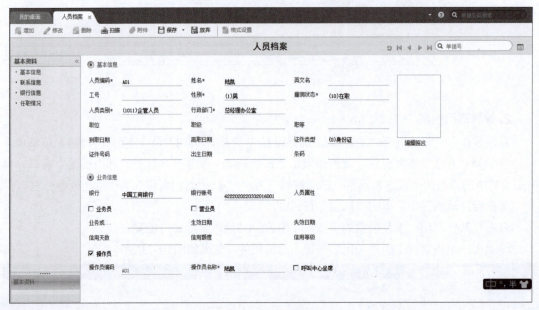

图 2-1-3 设置人员档案

⬇ 栏目说明：

- 人员编码：必须录入，必须唯一。
- 姓名：必须录入，可以重复。
- 性别：必须录入。
- 行政部门：输入该职员所属的行政部门，参照部门档案。
- 人员属性：填写职员是属于企管人员、采购人员、库管理人员还是销售人员等。
- 人员类别：必须录入，参照人员类别档案，如果"人事信息管理"未启用，则可随时修改；否则不能修改，应由HR进行处理。
- 银行：指人员工资等账户所属银行，参照银行档案。
- 银行账号：指人员工资等的账号。
- 业务员：指此人员是否可以在后续的业务操作中被参照。例如，出差借款时需要选择某人员，此处的人员只有设置了"业务员"才可能被参照到。
- 操作员：指此人员是否可操作U8+产品，可以将本人作为操作员，也可与已有的操作员做对应关系。

特别提醒：

- 人员编码不能被修改，人员名称可随时被修改。
- 如果该员工在其他档案或单据的"业务员"项目中被参照，则需要选中"业务员"选项。
- 若该人员已经是用友U8+软件的操作员，则弹出"人员信息已改，是否同步修改操作员的相关信息？"信息提示框，单击"是"按钮。
- "操作员"选项与该人员是否可操作U8+产品相关，有两种可能：一种是在系统管理中已经将该人员设置为用户，此处无须再选中该选项；另一种是该人员没有在系统管理中设置为用户，此处可以选中"操作员"复选框，系统将该人员追加在用户列表中，人员编码自动作为用户编码和用户密码，所属角色为普通员工。

实训二　客商信息设置

实训任务

1. 设置地区分类

参照表2-2-1完成地区分类设置。

表2-2-1　设置地区分类

分类编码	分类名称
01	华北地区
02	华东地区
03	华南地区

2. 设置客户分类

参照表2-2-2完成客户分类设置。

表2-2-2　设置客户分类

类别名称	一级分类编码与名称
客户	01 VIP
	02 普通
	03 其他

3. 设置供应商档案

参照表2-2-3完成供应商档案设置。

表2-2-3 设置供应商档案

供应商编码与名称	供应商简称	所属地区	税号	开户银行与账号	邮编与地址	电话
0101北京奥博电器有限公司	北京奥博	01	350100570995628	工行北京朝阳支行 6224835491011259	361124北京市朝阳区裕民路95号	010-53718871
0102上海飞科电器有限公司	上海飞科	02	7949181865160651	中行黄浦区胜北路支行6227945915646510	100046上海市黄浦区胜利北路7号	021-66874321
0103宁波嘉乐有限公司	宁波嘉乐	02	1406037892564478	中行余姚龙华路支行6227798454564445	528310宁波市余姚市龙华天目西路21号	0574-87875766
0104广东新宝电器有限公司	广东新宝	03	1625385476598616	建行越秀解放路支行6221981651651519	230145广州市越秀区解放路65号	020-65653399
0105武汉嘉瑞科技有限公司	武汉嘉瑞	03	385618493629484567	工行武汉城建支行6221919841561560	430227武汉市朝阳大道101号	027-85395115
0106北京北元电器有限公司	北京北元	01	3931961565418654	工行海淀和平路支行6227467673743345	310581北京市海淀区和平路67号	010-55884459
0107青岛海尔有限公司	青岛海尔	02	251815721312965137	招行山峡大道支行6221591591624393	610332青岛市山峡大道南72号	0532-89585020
0108北京中通快递运输公司	中通快递	01	234663972735269752	工行新站区支行6224231430776867	230336北京市新站区通达路111号	010-68529835

4. 设置客户档案

参照表2-2-4完成客户档案的设置。

表2-2-4 设置客户档案

客户编码与名称	客户简称	所属地区	所属分类	税号	开户银行与账号	邮编与地址	电话
0001北京华南超市大旺店	北京华南	01	01	6897984165159123	交行北京永定支行6221916161321322	100088北京市海淀区永旺路321号	010-34000533
0002厦门中兴家电商场	厦门中兴	02	02	350100970598265	中行厦门高新支行6224835491022529	361354厦门市同安区永安路95号	0592-5371336
0003厦门天猫电器城	厦门天猫	02	02	350100570995628	中行厦门高新支行6224835491011259	361001厦门市思明区体育路48号	0592-5371887
0004南昌益华新世界购物中心	南昌益华	03	02	6789984165153219	交行南昌新建支行6228916161321223	330088南昌市高新区高新大道22号	0791-34000335
0005上海宏华商贸公司	上海宏华	02	02	1401037892564784	交行上海南京支行6228798454564645	200111上海市徐汇区天目西路218号	021-87875667
0006湖南新翼百货公司	湖南新翼	03	02	1551994561591556	建行湖南衡阳支行6228516516115611	410046衡阳市光荣路30号	0734-31027809
0007上海美家百货公司	上海美家	02	02	7984616549841156	工行上海黄浦支行6228945165151156	200155上海市黄浦区光纤路47号	021-31000128
0008北京乐瑞电器零售店	北京乐瑞	01	02	3495159511219547	农行北京东城支行6229498156116513	100069北京市东城区安定门外大街11号	010-64033533

任务解析

1. 背景知识

(1) 客户分类与供应商分类

企业可以根据自身管理的需要对客户或供应商进行分类管理。分类的目的是预设统计口径，如将客户分为VIP客户和一般客户，就可以分别统计出VIP客户和一般客户的销售数据，以便分析销售者行为，为企业制定合理的销售政策提供依据。

(2) 客户档案

客户档案是企业的一项重要资源，手工管理方式下，客户信息一般散落在业务员手中，业务员所掌握的客户信息一般包括客户名称、联系人、联系电话等。企业建立会计信息系统时，需全面整理客户资料并录入系统，以便有效地管理客户、服务客户。客户信息包括以下几方面的内容。

- 基本信息：包括客户编码、客户名称、客户简称、税号、开户银行、银行账号等。
- 联系信息：包括地址、邮编、联系人、电话、发货地址、发货方式、发货仓库等。
- 信用信息：包括价格级别、信用等级、信用额度、付款条件、应收余额等。
- 其他信息：包括分管部门、分管业务员、停用日期等。

我们看到，与客户相关的信用等级、信用额度是与赊销管理相关的控制信息；发货仓库、发货方式是销售发货必需的信息；客户银行、银行账号和税号是给客户开具销售发票必需的基本信息。在客户档案中预置与业务相关的所有基础信息充分体现了U8+系统信息集成的特点及优势。

2. 岗位说明

以账套主管A01身份设置客商信息。

实训指引

以"账套主管A01，操作日期2022年5月1日"登录企业应用平台进行设置。

1. 设置地区分类

① 路径指引：依次展开"业务导航/基础设置/基础档案/客商信息/地区分类"菜单项。

② 编辑"01/华北地区"分类：双击"地区分类"菜单项，打开"地区分类"窗口，单击工具栏中的"增加"按钮，设置"分类编码"为"01"、"分类名称"为"华北地区"。

③ 保存：录入完毕，单击"保存"按钮。

④ 编辑其他地区分类：重复前面的步骤，参照表2-2-1，录入其他地区分类。

⑤ 退出：单击窗口中的"关闭"按钮，退出任务，结果如图2-2-1所示。

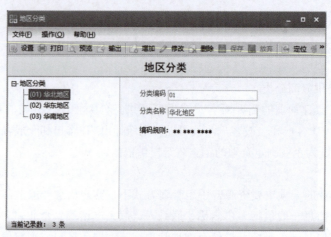

图 2-2-1　设置地区分类

2. 设置客户分类

① 路径指引：依次展开"基础设置/基础档案/客商信息/客户分类"菜单项。

② 双击"客户分类"菜单项，打开"客户分类"窗口，单击工具栏中的"增加"按钮，设置"分类编码"为"01"、"分类名称"为"VIP"。

③ 保存：录入完毕，单击"保存"按钮。

④ 编辑其他客户分类：重复前面的步骤，参照表2-2-2录入其他客户分类。

⑤ 退出：单击窗口中的"关闭"按钮，退出任务，结果如图2-2-2所示。

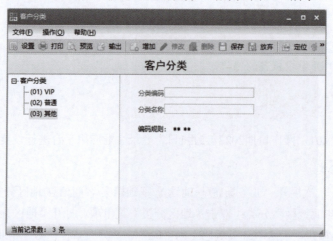

图 2-2-2　设置客户分类

3. 设置供应商档案

① 路径指引：依次展开"基础设置/基础档案/客商信息/供应商档案"菜单项。

② 编辑"0101/北京奥博电器有限公司"供应商：双击"供应商档案"菜单项，打开"供应商档案"窗口，单击工具栏中的"增加"按钮，设置如下信息。

- "基本"页签："供应商编码"为"0101"，"供应商名称"为"北京奥博电器有限公司"，"供应商简称"为"北京奥博"，"所属地区"为"华北地区"，"税号"

为"350100570995628","开户银行"为"工行北京朝阳支行",所属银行为"中国工商银行",银行账号为"6224835491011259",其他为默认设置。

- "联系"页签:"电话"为"010-53718871","邮编"为"361124","地址"为"北京市朝阳区裕民路95号",其他为默认设置。

③ 保存:录入完毕,单击工具栏中的"保存"按钮,结果如图2-2-3所示。

④ 编辑其他供应商:重复上面的步骤,参照表2-2-3录入其他客户分类。

⑤ 退出:单击窗口中的"关闭"按钮,退出任务。

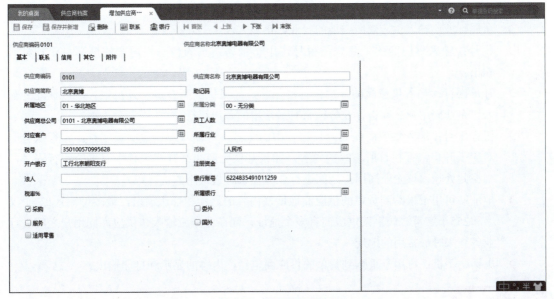

图 2-2-3　设置供应商档案

栏目说明:

- 供应商编码:供应商编码必须唯一,可以用数字或字符表示,最多可输入20位数字或字符。

- 供应商名称:供应商名称可以是汉字或英文字母,最多可输入49个汉字或98个字符。供应商名称在打印销售发票时使用,即打印出来的销售发票的销售供应商栏目显示的内容为销售供应商的供应商名称。

- 供应商简称:供应商简称可以是汉字或英文字母,最多可输入30个汉字或60个字符。供应商简称用于业务单据和账表的屏幕显示,例如,屏幕显示的销售发货单的供应商栏目中显示的内容为供应商简称。

- 助记码:根据供应商名称自动生成助记码,用户也可手工修改助记码;在单据上录入助记码可以快速找到供应商。

- 供应商属性:包括采购、委外、服务、国外、适用零售5种属性,既可以选择一种,也可以选择多种。采购属性的供应商指采购货物时可选的供应商,委外属性的供应商指委外业务时可选的供应商,服务属性的供应商指进行费用或服务业务时可选的供应商,国外属性的供应商指进行国外业务时可选的供应商。

- 对应客户：在供应商档案中输入对应客户名称时不允许重复记录，即不允许有多个供应商对应一个客户的情况出现。如果在001供应商中输入了对应客户编码为666，则在保存该供应商信息时需要将666客户档案中的对应供应商编码记录保存为001。
- 所属分类：单击参照按钮，选择供应商所属分类，或者直接输入分类编码。
- 所属地区：可输入供应商所属地区的代码，若输入系统中已存在代码，将自动转换成地区名称，显示在该栏目的右编辑框内。建议输入代码，或者用参照输入法，即在输入所属地区码时用鼠标按参照键显示所有供选择地区，用户双击选定行或当光标位于选定行时单击"确认"按钮即可。
- 所属行业：输入供应商所归属的行业，可输入汉字。
- 税号：输入供应商的工商登记税号，用于销售发票的税号栏内容的屏幕显示和打印输出。
- 开户银行：输入供应商的开户银行的名称，如果供应商有多个开户银行，则在此处输入该企业同用户之间进行业务往来时最常用的开户银行。
- 银行账号：输入供应商在其开户银行中的账号，可输入50位数字或字符。银行账号应对应于开户银行栏目所填写的内容。如果某供应商在某开户银行中有多个银行账号，则在此处输入该企业同用户之间进行业务往来时最常用的银行账号。
- 地址：可用于采购到货单的供应商地址栏内容的显示和打印输出，最多可输入127个汉字和255个字符。如果某供应商有多个地址，则在此处应输入该供应商同用户之间进行业务往来时最常用的地址。
- 电话、手机：可用于采购到货单的供应商电话栏内容的显示和打印输出。

❖ **特别提醒：**

◇ 在录入"开户银行"时，其"所属银行"为"开户银行"所在银行，如"工行厦门高新支行"的"所属银行"为"中国工商银行"。

4. 设置客户档案

① 路径指引：依次展开"业务导航/基础设置/基础档案/客商信息/客户档案"菜单项。

② 编辑"0001/北京华南超市大旺店"客户：双击"客户档案"菜单项，打开"客户档案"窗口，单击工具栏中的"增加"按钮，设置如下信息。

- "基本"页签："客户编码"为"0001"，"客户名称"为"北京华南超市大旺店"，"客户简称"为"北京华南"，"所属地区"为"01-华北地区"，"所属分类"为"01-VIP"，"税号"为"6897984165159123"，其他为默认设置。
- "联系"页签："电话"为"010-34000533"，"邮政编码"为"100088"，"地址"为"北京市海淀区永旺路321号"，其他为默认设置。
- 单击工具栏中的"银行"按钮："所属银行"为"交通银行"，"开户银行"为"交行北京永定支行"，"银行账号"为"6221916161321322"，"默认值"为"是"。

③ 录入完毕，单击工具栏中的"保存"按钮，结果如图2-2-4所示。

④ 编辑其他客户：重复上面步骤，参照表2-2-4录入其他客户档案。

⑤ 退出：单击窗口中的"关闭"按钮，退出任务。

项目二　初始化——静态数据

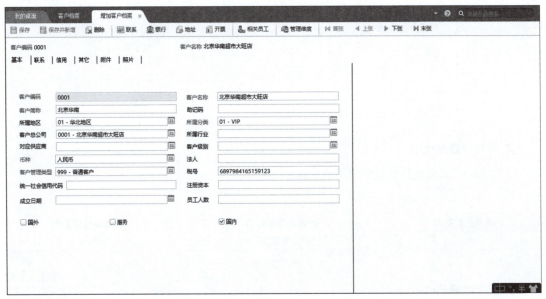

图2-2-4　设置客户档案

❖ **特别提醒：**

- 如果在客户档案中不输入税号，则无法向该客户开具增值税专用发票。
- 设置"分管部门""专管业务员"是为了在应收应付款管理系统填制发票等原始单据时，能自动根据客户显示部门及业务员信息。
- 企业使用金税系统时，因为由U8+系统传入金税系统的发票不允许修改客户的银行信息，所以需要在U8+客户档案中正确录入客户银行信息。

❖ **拓展任务：**

编辑客户的信用信息

- 功能概要：实现对客户信用的了解。
- 路径指引：依次展开"基础设置/基础档案/客商信息/客户档案"菜单项，打开"客户档案"窗口中的"信用"选项卡。
- 岗位说明：账套主管A01。

实训三　存货设置

实训任务

1. 存货分类

参照表2-3-1完成存货分类设置。

表2-3-1 存货分类

存货分类编码	存货分类名称
01	咖啡机
02	电烤箱
03	榨汁机
04	其他

2. 存货计量单位组

参照表2-3-2完成存货计量单位组的设置。

表2-3-2 存货计量单位组

计量单位组编码	计量单位组名称	计量单位组类别
01	无换算组	无换算率

3. 存货计量单位

参照表2-3-3完成存货计量单位的设置。

表2-3-3 存货计量单位

计量单位编码	计量单位名称	计量单位组
01	台	01无换算组
02	千米	01无换算组
03	个	01无换算组

4. 存货档案

参照表2-3-4完成存货档案的设置。

表2-3-4 存货档案

存货编码	存货名称	主计量单位	税率(%)	存货分类	存货属性
0001	意式家用咖啡机全自动	台	13	01	内销、外购
0002	复古胶囊咖啡机半自动	台	13	01	内销、外购
0003	雀巢F11胶囊咖啡机全自动	台	13	01	内销、外购
0004	TKH电烤箱	台	13	02	内销、外购
0005	Toffy电烤箱	台	13	02	内销、外购
0006	柏翠电烤箱	台	13	02	内销、外购
0007	SMMCK榨汁机	台	13	03	内销、外购、受托代销
0008	摩飞便捷式榨汁机	台	13	03	内销、外购、受托代销
0009	多乐榨汁机	台	13	03	内销、外购、受托代销
0010	运输费	千米	9	04	内销、外购、应税劳务
0011	手续费	个	6	04	内销、外购、应税劳务

任务解析

1. 背景知识

(1) 存货分类

存货分类用于设置存货分类编码、名称及所属经济分类，以便于对业务数据的统计和分析。需要特别说明的是：在企业日常购销业务中，经常会发生一些劳务费用，如运输费、装卸费等，这些费用也是构成企业存货成本的组成部分，并且它们可以拥有不同于一般存货的税率。为了能够正确反映和核算这些劳务费用，一般在存货分类中单独设置一类，如"应税劳务"或"劳务费用"。

(2) 计量单位组

在企业实际的经营活动中，不同部门对某种存货会采用不同的计量方式，例如可口可乐，销售部对外发货时用箱计量，听装的每箱有24听，2L瓶装的每箱有12瓶。

U8+中的计量单位组包括无换算率、固定换算率和浮动换算率3种类别。

- 无换算率计量单位组中的计量单位都以单独形式存在，即相互之间没有换算关系，全部为主计量单位。
- 固定换算率计量单位组中可以包括多个计量单位：一个主计量单位、多个辅计量单位。主辅计量单位之间存在固定的换算率，如1箱=24听。
- 浮动换算率计量单位组中只能包括两个计量单位：主计量单位和辅计量单位。主计量单位作为财务上的计量单位，换算率自动设置为1。每个辅计量单位都可和主计量单位进行换算。数量(按主计量单位计量)=件数(按辅计量单位计量)×换算率。

(3) 存货档案

在U8+存货档案中，为存货设置了18种属性。U8+中的存货属性是对存货的一种分类，标记了"外购"属性的存货将在入库、采购发票等单据中被参照，标记了"销售"属性的存货将在发货、出库、销售发票等单据中被参照，这样便大大缩小了查找范围。

2. 岗位说明

以账套主管A01身份设置存货。

实训指引

以账套主管A01，操作日期2022年5月1日登录企业应用平台进行设置。

1. 设置存货分类

① 路径指引：依次展开"业务导航/基础设置/基础档案/存货/存货分类"菜单项。

② 编辑"咖啡机"类别：双击"存货分类"菜单项，打开"存货分类"窗口，单击工具栏中的"增加"按钮，设置"分类编码"为"01"，"分类名称"为"咖啡机"。

③ 保存：录入完毕，单击"保存"按钮。

④ 编辑其他存货类别：重复前面的步骤，参照表2-3-1录入其他存货分类，结果如图2-3-1所示。

⑤ 退出：单击窗口中的"关闭"按钮，退出任务。

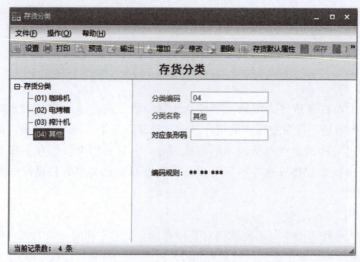

图 2-3-1 设置存货分类

2. 设置计量单位组

① 路径指引：依次展开"业务导航/基础设置/基础档案/存货/计量单位"菜单项。

② 编辑"01/无换算组"计量单位组：双击"计量单位"菜单项，打开"计量单位"窗口。单击工具栏中的"分组"按钮，打开"计量单位组"窗口，单击工具栏中的"增加"按钮，设置"计量单位组编码"为"01"，"计量单位组名称"为"无换算组"，"计量单位组类别"为"无换算率"。

③ 保存：录入完毕，单击"保存"按钮，结果如图2-3-2所示。

④ 退出：单击窗口中的"关闭"按钮，退出任务。

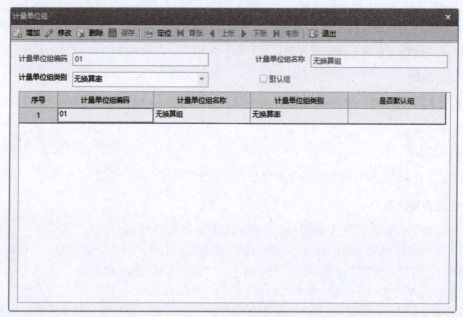

图 2-3-2 设置计量单位组

❖ **特别提醒：**
   ◇ 保存计量单位组后，只可对计量单位组的名称和类别进行修改。
   ◇ 已经使用过的计量单位组，不能修改其已经存在的计量单位信息。
   ◇ 已经有数据的存货，不允许修改该存货的计量单位组。

3. 设置计量单位

① 路径指引：依次展开"基础设置/基础档案/存货"菜单项。

② 编辑"01/台"计量单位：双击"计量单位"菜单项，打开"计量单位"窗口。在左栏选择"无换算组"，单击工具栏中的"单位"按钮，打开"计量单位"窗口，单击工具栏中的"增加"按钮，在表体的"计量单位编码"栏中输入"01"、在"计量单位名称"栏中输入"台"。

③ 保存：录入完毕，单击"保存"按钮。

④ 编辑其他计量单位：重复上面的步骤，参照表2-3-3录入其他计量单位，结果如图2-3-3所示。

⑤ 退出：单击窗口中的"关闭"按钮，退出任务。

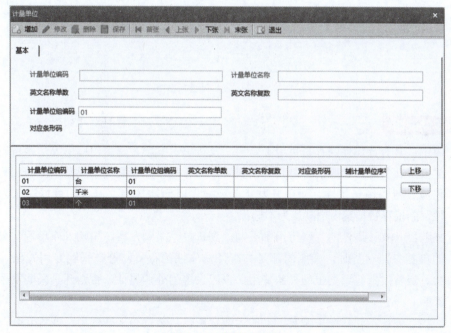

图 2-3-3　设置计量单位

4. 设置存货档案

① 路径指引：依次展开"业务导航/基础设置/基础档案/存货/存货档案"菜单项。

② 编辑"0001/意式家用咖啡机全自动"存货：双击"存货档案"菜单项，打开"存货档案"窗口，单击工具栏中的"增加"按钮，设置"存货编码"为"0001"，"存货名称"为"意式家用咖啡机全自动"，"存货分类"为"01-咖啡机"，"主计量单位"为"台"，"销项税率"与"进项税率"均为"13"，"存货属性"选择"内销"及"外购"，其他为默认设置。

③ 保存：录入完毕，单击"保存"按钮，结果如图2-3-4所示。

④ 编辑其他存货：重复前面的步骤，参照表2-3-4录入其他存货。

⑤ 退出：单击窗口中的"关闭"按钮，退出任务。

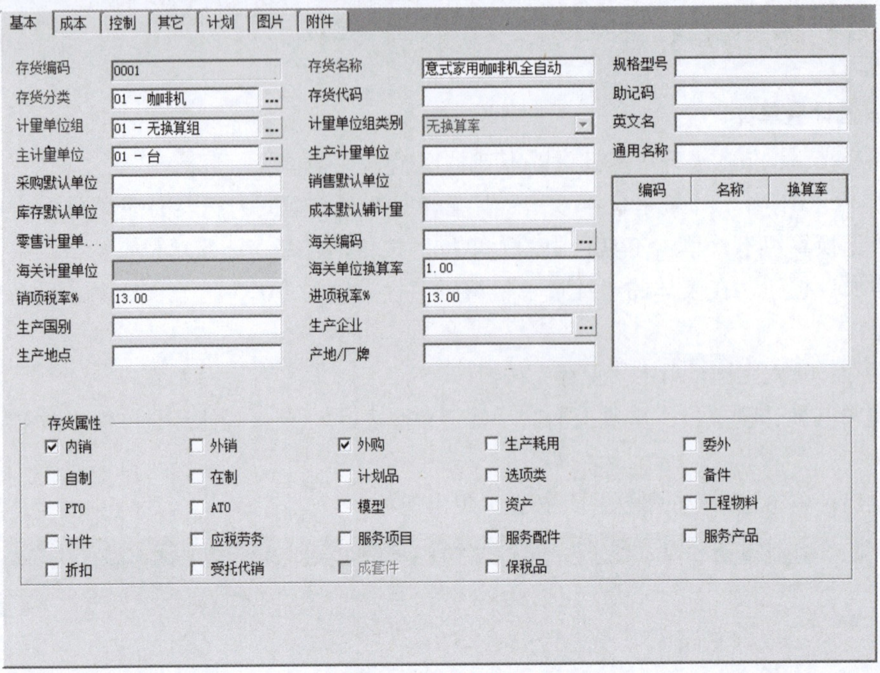

图 2-3-4 设置存货档案

> **存货属性说明：**
>
> ○ 内销：具有该属性的存货可用于销售。发货单、发票、销售出库单等与销售有关的单据参照存货时，参照的都是具有销售属性的存货。开在发货单或发票上的应税劳务，也应设置为销售属性，否则开发货单或发票时无法参照。升级的数据默认为内销属性，新增存货档案内销默认为不选择。
>
> ○ 外购：具有该属性的存货可用于采购。到货单、采购发票、采购入库单等与采购有关的单据参照存货时，参照的都是具有外购属性的存货。开在采购专用发票、普通发票、运费发票等票据上的采购费用，也应设置为外购属性，否则开具采购发票时无法参照。
>
> ○ 应税劳务：指开具在采购发票上的运费费用、包装费等采购费用，或者开具在销售发票或发货单上的应税劳务。应税劳务属性应与"自制""在制""生产耗用"属性互斥。
>
> ○ 折扣：即折让属性，若选中该项，则在采购发票和销售发票中录入折扣额。该属性的存货在开发票时可以没有数量，只有金额；或者在蓝字发票中开成负数。

❖ **特别提醒：**

✧ 受托代销：若存货档案中的存货属性是受托代销，则应先进入"业务导航/供应链/采购管理/设置/选项"菜单项中选中"启用受托代销"选项，否则存货属性中的"受托代销"为灰色显示，不能被编辑。

实训四 业务设置

实训任务

1. 设置仓库档案

参照表2-4-1完成仓库档案设置。

表2-4-1 仓库档案

仓库编码	仓库名称	计价方式	仓库属性	参与MRP运算	参与ROP计算	计入成本	资产仓
01	咖啡机仓库	先进先出法	普通仓	是	是	是	否
02	电烤箱仓库	先进先出法	普通仓	是	是	是	否
03	榨汁机仓库	先进先出法	普通仓	是	是	是	否
04	受托代销仓库	先进先出法	普通仓	是	是	是	否
05	其他仓库	先进先出法	普通仓	是	是	是	否

2. 设置收发类别

参照表2-4-2完成收发类别设置。

表2-4-2 收发类别

收发类别编码	收发类别名称	收发类别标志	收发类别编码	收发类别名称	收发类别标志
1	入库	收	2	出库	发
11	采购入库	收	21	销售出库	发
12	受托代销入库	收	22	委托代销出库	发
13	盘盈入库	收	23	盘亏出库	发
14	调拨入库	收	24	调拨出库	发
15	采购退货	收	25	销售退货	发
16	其他入库	收	26	其他出库	发

3. 设置采购类型与销售类型

参照表2-4-3完成采购类型与销售类型设置。

表2-4-3 采购类型与销售类型

采购类型编码	采购类型名称	入库类别	是否默认值	销售类型编码	销售类型名称	出库类别	是否默认值
01	普通采购	11(采购入库)	是	01	普通销售	21(销售出库)	是
02	受托代销	12(受托代销入库)	否	02	委托代销	22(委托代销出库)	否
03	采购退货	15(采购退货)	否	03	销售退货	25(销售退货)	否
04	直运采购	11(采购入库)	否	04	直运销售	21(销售出库)	否

4. 设置费用项目分类及费用项目

参照表2-4-4完成费用项目分类及费用项目的设置。

表2-4-4 费用项目分类及费用项目

分类编码	分类名称	费用项目编码	费用项目名称
1	购销	01	运输费
1	购销	02	装卸费
1	购销	03	包装费
2	管理	04	业务招待费

任务解析

1. 背景知识

(1) 仓库档案

存货一般是用仓库来保管的，对存货进行核算管理，就应对仓库进行管理，对仓库设置是供应链管理系统的重要基础准备工作之一。此处设置的仓库可以是企业实际拥有的仓库，也可以是企业虚拟的仓库。

(2) 收发类别

设置收发类别，是为了对材料的出入库情况进行分类汇总及统计，表示材料的出入库类型。在用友U8+系统中，收发类型只有两种，即收和发。入库的"收发类别标志"为"收"，出库的"收发类别标志"为"发"。

(3) 采购和销售类型

采购类型是用户对采购业务所做的一种分类，是采购单据上的必填项。如果企业需要按照采购类别进行采购统计，则必须设置采购类型。

(4) 费用项目分类及其项目

用户若需处理销售业务中的代垫费用、销售支出费用，则应先设定这些费用项目。费用项目分类是把同一类属性的费用归集成一类，以便统计和分析。

2. 岗位说明

以账套主管A01身份设置业务档案。

实训指引

以"账套主管A01，操作日期2022年5月1日"登录企业应用平台进行设置。

1. 设置仓库档案

① 路径指引：依次展开"业务导航/基础设置/基础档案/业务/仓库档案"菜单项。

② 编辑"01/咖啡机仓库"：双击"仓库档案"菜单项，打开"仓库档案"窗口，单击工具栏中的"增加"按钮，设置"仓库编码"为"01"，"仓库名称"为"咖啡机仓库"，"计价方式"为"先进先出法"，"仓库属性"为"普通仓"，确认选择"参与需求计划运算""参与ROP计算""记入成本"选项，其他采用默认设置。

③ 保存：录入完毕，单击"保存"按钮，结果如图2-4-1所示。

④ 编辑其他存货：重复前面的步骤，参照表2-4-1录入其他存货。

⑤ 退出：单击窗口中的"关闭"按钮，退出任务。

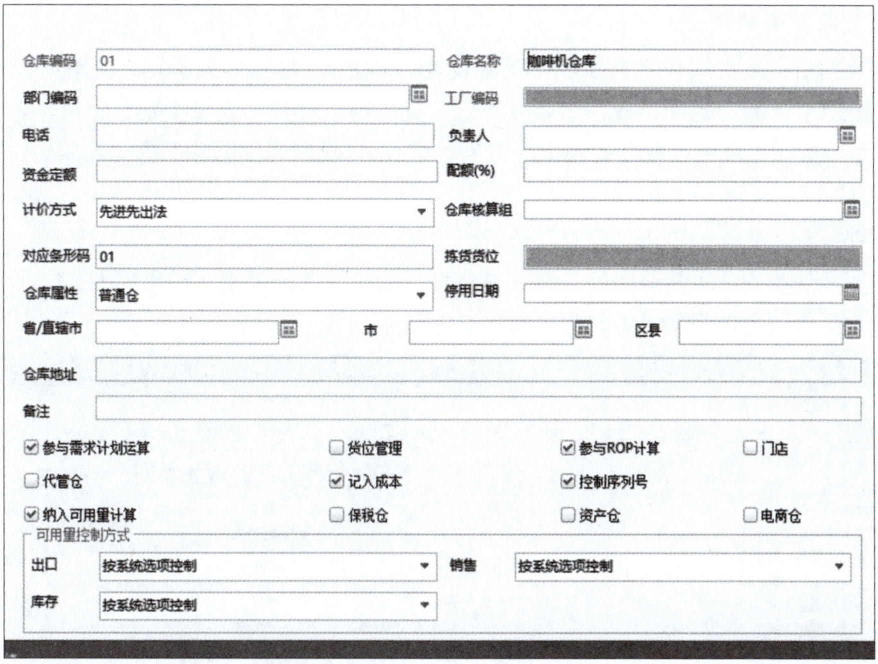

图 2-4-1　设置仓库档案

> 📌 **栏目说明：**
>
> - 部门编码：当存货核算系统选择"按部门核算"时，必须输入。
> - 计价方式：系统提供6种计价方式。工业有计划价法、全月平均法、移动平均法、先进先出法、后进先出法、个别计价法；商业有售价法、全月平均法、移动平均法、先进先出法、后进先出法、个别计价法。每个仓库必须选择一种计价方式。
> - 仓库属性：有"普通仓""现场仓""委外仓"3个选项供选择，默认为普通仓。普通仓用于正常的材料、产品、商品的出入库、盘点的管理，现场仓用于生产过程的材料、半成品、成品的管理，委外仓用于管理发给委外商的材料。

⑥ 完成仓库编辑。重复步骤②，完成表2-4-1中所有仓库档案的录入，然后单击"增加仓库档案"窗口右上角的"关闭"按钮，返回"仓库档案"窗口。

⑦ 退出：单击"仓库档案"窗口右上角的"关闭"按钮，关闭并退出该窗口。

> ❖ **特别提醒：**
>
> - 全月平均：期末处理计算出库成本时，要根据该仓库同种存货的金额和数量计算的平均单价计算出库成本。
> - 移动平均：计算出库成本时要根据该仓库的同种存货按最新结存金额和结存数量计算的单价计算出库成本。
> - 先进先出、后进先出：出库单记账(包括红字出库单)，计算出库成本时，只按此仓库的同种存货的入库记录进行先进先出或后进先出选择成本，只要存货、仓库相同，则将入库记录全部按时间顺序进行先进先出或后进先出以选择成本。
> - 个别计价：计算成本的方法不变。

2. 设置收发类别

① 路径指引：依次展开"业务导航/基础设置/基础档案/业务/收发类别"菜单项。

② 编辑"1/入库"类别：双击"收发类别"菜单项，打开"收发类别"窗口，单击工具栏中的"增加"按钮，设置"收发类别编码"为"1"，"收发类别名称"为"入库"，"收发标志"为"收"。

③ 保存：录入完毕，单击"保存"按钮。

④ 编辑其他类别：重复前面的步骤，参照表2-4-2录入其他类别，结果如图2-4-2所示。

⑤ 退出：单击窗口中的"关闭"按钮，退出任务。

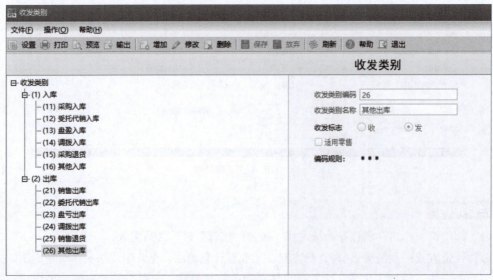

图 2-4-2　设置收发类别

3. 设置采购类型

① 路径指引：依次展开"业务导航/基础设置/基础档案/业务/采购类型"菜单项。

② 编辑"01/采购入库"类型：双击"采购类型"菜单项，打开"采购类型"窗口，单击工具栏中的"增加"按钮，设置"采购类型编码"为"01"，"采购类型名称"为"普通采购"，"入库类别"为"11/采购入库"，"是否默认值"为"是"。

③ 保存：录入完毕，单击"保存"按钮，结果如图2-4-3所示。

序号	采购类型编码	采购类型名称	入库类别	是否默认值	是否委外默认值	参与需求计划运算
1	01	普通采购	采购入库	是	是	是
2	02	受托代销	受托代销入库	否	否	是
3	03	采购退货	采购退货	否	否	是
4	04	直运采购	采购入库	否	否	是

图 2-4-3　设置采购类型

④ 编辑其他类别：重复前面的步骤，参照表2-4-3录入其他类别。

⑤ 退出：单击窗口中的"关闭"按钮，退出任务。

4. 设置销售类型

① 路径指引：依次展开"业务导航/基础设置/基础档案/业务/销售类型"菜单项。

② 编辑"01/普通销售"类型：双击"销售类型"菜单项，打开"销售类型"窗口，单击工具栏中的"增加"按钮，设置"销售类型编码"为"01"，"销售类型名称"为"普通销售"，"出库类别"为"21/销售出库"，"是否默认值"为"是"。

③ 保存：录入完毕，单击"保存"按钮。

④ 编辑其他类别：重复前面的步骤，参照表2-4-3录入其他类别，结果如图2-4-4所示。

⑤ 退出：单击窗口中的"关闭"按钮，退出任务。

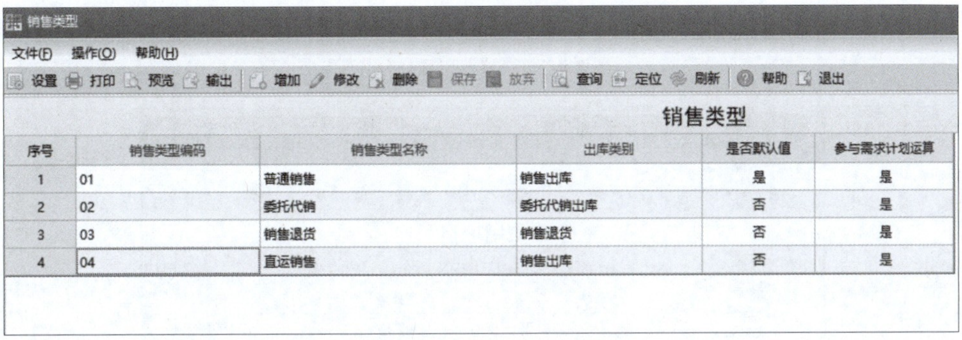

图 2-4-4　设置销售类型

5. 设置费用项目分类

① 路径指引：依次展开"业务导航/基础设置/基础档案/业务/费用项目分类"菜单项。

② 编辑"1/购销"类型：双击"费用项目分类"菜单项，打开"费用项目分类"窗口，单击工具栏中的"增加"按钮，设置"分类编码"为"1"，"分类名称"为"购销"。

③ 保存：录入完毕，单击"保存"按钮。

④ 编辑其他类别：重复前面的步骤，参照表2-4-4录入其他类别，结果如图2-4-5所示。

⑤ 退出：单击窗口中的"关闭"按钮，退出任务。

6. 设置费用项目

① 路径指引：依次展开"基础设置/基础档案/业务/费用项目"菜单项。

② 编辑"01/运输费"项目：双击"费用项目"菜单项，打开"费用项目"窗口，单击工具栏中的"增加"按钮，设置"费用项目编码"为"01"，"费用项目名称"为"运输费"，"费用项目分类"为"1/购销"。

③ 保存：录入完毕，单击"保存"按钮。

④ 编辑其他类别：重复前面的步骤，参照表2-4-4录入其他类别，结果如图2-4-6所示。

⑤ 退出：单击窗口中的"关闭"按钮，退出任务。

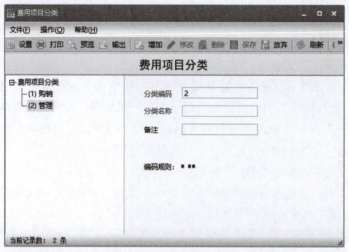

图 2-4-5　设置费用项目分类

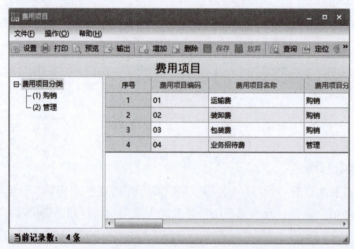

图 2-4-6　设置费用项目

实训五　财务设置

实训任务

1. 增加会计科目

参照表2-5-1完成增加会计科目的设置。

2. 修改会计科目

参照表2-5-1完成修改会计科目的设置。

3. 指定会计科目

参照表2-5-1完成指定会计科目的设置。

表2-5-1 会计科目

科目编码	科目名称	辅助核算	受控系统	计量单位	余额方向
1001	库存现金	日记账			借
1002	银行存款				借
100201	工行存款	银行账、日记账			借
1121	应收票据	客户往来	应收系统		借
1122	应收账款	客户往来	应收系统		借
1123	预付账款	供应商往来	应付系统		借
1321	受托代销商品				借
1901	待处理财产损溢				借
190101	待处理流动资产损溢				借
190102	待处理非流动资产损溢				借
2201	应付票据	供应商往来	应付系统		贷
2202	应付账款				贷
220201	一般应付账款	供应商往来	应付系统		贷
220202	暂估应付账款	供应商往来			贷
2203	预收账款				贷
220301	预收款	客户往来	应收系统		贷
220302	销售定金	客户往来			贷
2221	应交税费				贷
222101	应交增值税				贷
22210101	进项税额				贷
22210102	进项税额转出				贷
22210103	销项税额				贷
2314	受托代销商品款	供应商往来			贷
4104	利润分配				贷
410401	未分配利润				贷
6403	税金及附加				借
6702	信用减值损失				借

4. 凭证类别

参照表2-5-2完成凭证类别的设置。

表2-5-2 凭证类别

类别字	类别名称	限制类型	限制科目
记	记账凭证	无限制	无

任务解析

1. 背景知识

(1) 会计科目

设置会计科目是会计核算方法之一，它用于分门别类地反映企业经济业务，是登记账簿、编制会计报告的基础。用友U8+中预置了现行会计制度规定的一级会计科目，企业可根据本单位的实际情况修改科目属性并补充明细科目。

企业实施信息化时，为了充分体现信息系统的优势，应在企业原有的会计科目基础上，对以往的一些科目结构进行优化调整，而不是完全照搬照抄。例如，当企业规模不大，往来业务较少时，可采用与手工方式一样的科目结构及记账方法，即通过将往来单位、个人、部门、项目设置明细科目来进行核算管理；而对于一个往来业务频繁、清欠和清理工作量大、核算要求严格的企业来说，应采用总账系统提供的辅助核算功能进行管理，即将这些明细科目的上级科目设为末级科目，并设为辅助核算科目，以及将这些明细科目设为相应的辅助核算目录。

例如，未使用辅助核算功能时，可将科目设置如下。

科目编码	科目名称
1122	应收账款
112201	华南大旺
112202	中兴家电
……	
2202	应付账款
220201	一般应付账款
22020101	上海飞科
22020102	宁波嘉乐
……	

启用总账系统的辅助核算功能进行核算时，可将科目设置如下。

科目编码	科目名称	辅助核算
1122	应收账款	客户往来
2202	应付账款	
220201	一般应付账款	供应商往来

一个科目设置了辅助核算后，它发生的每一笔业务都将会登记在总账和辅助明细账上。

(2) 凭证类别

许多单位为了便于管理或登账，会对记账凭证进行分类编制，但各单位的分类方法不尽相同，所以U8+系统中提供了"凭证类别"功能。

2. 岗位说明

以账套主管A01身份设置财务档案。

实训指引

以"账套主管A01，操作日期2022年5月1日"登录企业应用平台进行设置。

1. 增加会计科目

① 路径指引：依次展开"业务导航/基础设置/基础档案/财务/会计科目"菜单项。

② 编辑"100201/工行存款"科目：双击"会计科目"菜单项，打开"会计科目"窗口，单击工具栏中的"增加"按钮，设置"科目编码"为"100201"，"科目名称"为"工行存款"，选中"银行账""日记账"复选框，确认余额方向为"借"，单击"确定"按钮。

③ 保存：录入完毕，单击"保存"按钮，结果如图2-5-1所示。

④ 编辑其他科目：重复前面的步骤，参照表2-5-1录入其他科目。

⑤ 退出：单击窗口中的"关闭"按钮，退出任务。

图 2-5-1 增加会计科目

2. 修改会计科目

① 路径指引：依次展开"业务导航/基础设置/基础档案/财务/会计科目"菜单项。

② 编辑"1001/库存现金"科目：双击"会计科目"菜单项，打开"会计科目"窗口，双击"1001/库存现金"科目，打开"会计科目_修改"窗口，单击"修改"按钮，选中"日记账"复选框，单击"确定"按钮。

③ 保存：录入完毕，单击"保存"按钮，结果如图2-5-2所示。

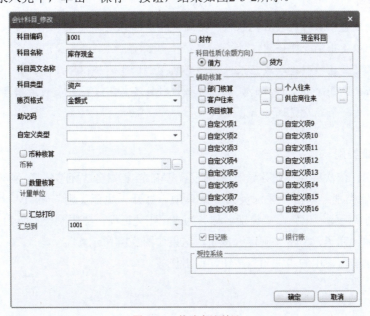

图 2-5-2 修改会计科目

④ 编辑其他科目：重复前面的步骤，参照表2-5-1修改其他科目。

⑤ 退出：单击窗口中的"关闭"按钮，退出任务。

3. 指定会计科目

① 路径指引：依次展开"业务导航/基础设置/基础档案/财务/会计科目"菜单项。

② 编辑指定科目：双击"会计科目"菜单项，打开"会计科目"窗口，单击"编辑/指定科目"选项，打开"指定科目"窗口，设置如下信息。

- 选中"库存现金"科目，单击">"移至"已选科目"栏目。
- 选中"银行存款"科目，单击">"移至"已选科目"栏目。

③ 保存：指定完毕，单击"确定"按钮，结果如图2-5-3所示。

④ 退出：单击窗口中的"关闭"按钮，退出任务。

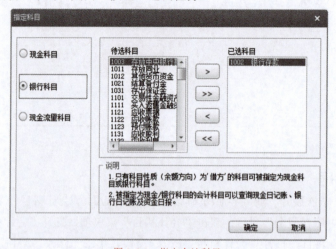

图 2-5-3　指定会计科目

> ❖ **特别提醒：**
>
> ◇ 在查询现金、银行存款日记账前，必须先指定库存现金为现金科目、银行存款为银行科目，以供出纳管理使用。
>
> ◇ 如果本科目已被制过单或已录入期初余额，则不能删除、修改该科目。若要修改该科目，必须先删除有该科目的凭证，并将该科目及其下级科目余额清零再行修改，修改完毕后要将余额及凭证补上。

4. 设置凭证类别

① 路径指引：依次展开"业务导航/基础设置/基础档案/财务/凭证类别"菜单项。

② 编辑凭证类别：双击"凭证类别"菜单项，打开"凭证类别"窗口，单击"增加"按钮，设置"类别字"为"记"，"类别名称"为"记账凭证"，"限制类型"为"无限制"。

③ 保存：编辑完毕，单击"确定"按钮，结果如图2-5-4所示。

④ 退出：单击窗口中的"关闭"按钮，退出任务。

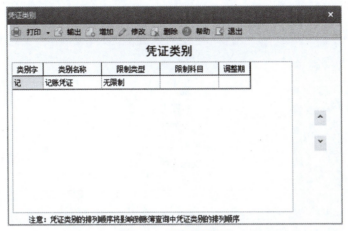

图 2-5-4　设置凭证类别

❖ **特别提醒：**

"限制科目"是指某些类别的凭证在制单时，对科目有一定的限制，用友U8+系统有以下7种"限制类型"供选择。

◇ 借方必有：制单时，此类凭证借方至少有一个限制科目有发生。

◇ 贷方必有：制单时，此类凭证贷方至少有一个限制科目有发生。

◇ 凭证必有：制单时，此类凭证无论借方还是贷方至少有一个限制科目有发生。

◇ 凭证必无：制单时，此类凭证无论借方还是贷方不可有一个限制科目有发生。

◇ 无限制：制单时，此类凭证可使用所有合法的科目。限制科目由用户输入，可以是任意级次的科目，科目之间用逗号分隔，数量不限，也可参照输入，但不能重复输入。

◇ 借方必无：即金额发生在借方的科目集必须不包含借方必无科目。可在保存凭证时检查。

◇ 贷方必无：即金额发生在贷方的科目集必须不包含贷方必无科目。可在保存凭证时检查。

实训六　收付结算设置

实训任务

1. 结算方式

参照表2-6-1完成结算方式设置。

表2-6-1 结算方式

结算方式编码	结算方式名称	是否票据管理
1	现金	否
2	支票	否
201	现金支票	是
202	转账支票	是
3	商业汇票	否
4	电汇	否
5	委托收款	否
6	其他	否

2. 付款条件

参照表2-6-2完成付款条件的设置。

表2-6-2 付款条件

付款条件编码	付款条件名称	信用天数	优惠天数1	优惠率1	优惠天数2	优惠率2	优惠天数3	优惠率3
01	4/10,2/20,n/30	30	10	4	20	2	30	0

3. 银行档案

参照表2-6-3完成银行档案的设置。

表2-6-3 银行档案

所属银行	企业账号长度
01/中国工商银行	17

4. 本单位开户银行

参照表2-6-4完成本单位开户银行的设置。

表2-6-4 本单位开户银行

编码	银行账号	币种	开户银行	所属银行	签约标志
01	62248354910225229	人民币	中国工商银行北京朝阳支行	01中国工商银行	检查收付款账号

任务解析

1. 背景知识

(1) 结算方式

结算方式是为建立和管理用户在经营活动中对外进行收付结算时所使用的,它与财务结算方式一致。银企对账时,结算方式也是系统自动对账的一个重要参数。

(2) 付款条件

付款条件也叫现金折扣,是指企业为了鼓励客户偿还货款而允诺在一定期限内给予规定的折扣优待。这种折扣条件通常可表示为4/10,2/20,n/30,它的意思是客户在10天内偿还货款,可得到4%的折扣,即只付原价96%的货款;在20天内偿还货款,可得到2%的折扣,即只付原价98%的货款;在30天内偿还货款,则需按照全额支付货款;在30天以后偿还货款,则不仅要按全额支付货款，还要支付延期付款利息或违约金。付款条件将主要在采购订单、销售订单、采购结算、销售结算、客户目录、供应商目录等中引用。

(3) 银行档案

银行档案用于设置企业所用的各银行总行的名称和编码，用于工资、人力、网上报销、网上银行等系统。用户可以根据业务的需要方便地进行增加、修改、删除、查询、打印银行档案的操作。

(4) 本单位开户银行

用友U8+支持企业具有多个开户行及账号的情况。"本单位开户银行"功能用于维护及查询使用单位的开户银行信息。开户银行一旦被引用，便不能进行修改和删除的操作。

2. 岗位说明

以账套主管A01身份设置收付结算。

实训指引

以"账套主管A01，操作日期2022年5月1日"登录企业应用平台进行设置。

1. 设置结算方式

① 路径指引：依次展开"业务导航/基础设置/基础档案/收付结算/结算方式"菜单项。

② 编辑"1/现金"结算方式：双击"结算方式"菜单项，打开"结算方式"窗口，单击工具栏中的"增加"按钮，设置"结算方式编码"为"1"、"结算方式名称"为"现金"。

③ 保存：录入完毕，单击"保存"按钮。

④ 编辑其他结算方式：重复上面步骤，参照表2-6-1录入其他结算方式，结果如图2-6-1所示。

⑤ 退出：单击窗口中的"关闭"按钮，退出任务。

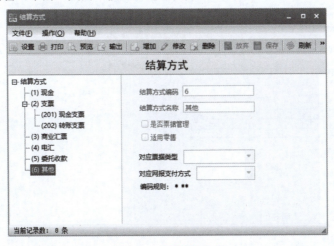

图 2-6-1　设置结算方式

2. 设置付款条件

① 路径指引：依次展开"业务导航/基础设置/基础档案/收付结算/付款条件"菜单项。

② 编辑付款条件：双击"付款条件"菜单项，打开"付款条件"窗口，单击工具栏中的"增加"按钮，设置"付款条件编码"为"01"，"付款条件名称"为"4/10,2/20,n/30"，

"信用天数"为"30","优惠天数1"为"10","优惠率1"为"4";"优惠天数2"为"20","优惠率2"为"2";"优惠天数3"为"30","优惠率3"为"0";单击"保存"按钮。

③ 保存：录入完毕，单击"保存"按钮，结果如图2-6-2所示。

④ 退出：单击窗口中的"关闭"按钮，退出任务。

图2-6-2　设置付款条件

3. 设置银行档案

① 路径指引：依次展开"业务导航/基础设置/基础档案/收付结算/银行档案"菜单项。

② 编辑银行档案：双击"银行档案"菜单项，打开"银行档案"窗口，选中"中国工商银行"选项，单击工具栏中的"修改"按钮，选中"企业账户规则"中的"定长"复选框，设置"账号长度"为"17"。

③ 保存：录入完毕后，单击"保存"按钮，结果如图2-6-3所示。

④ 退出：单击窗口中的"关闭"按钮，退出任务。

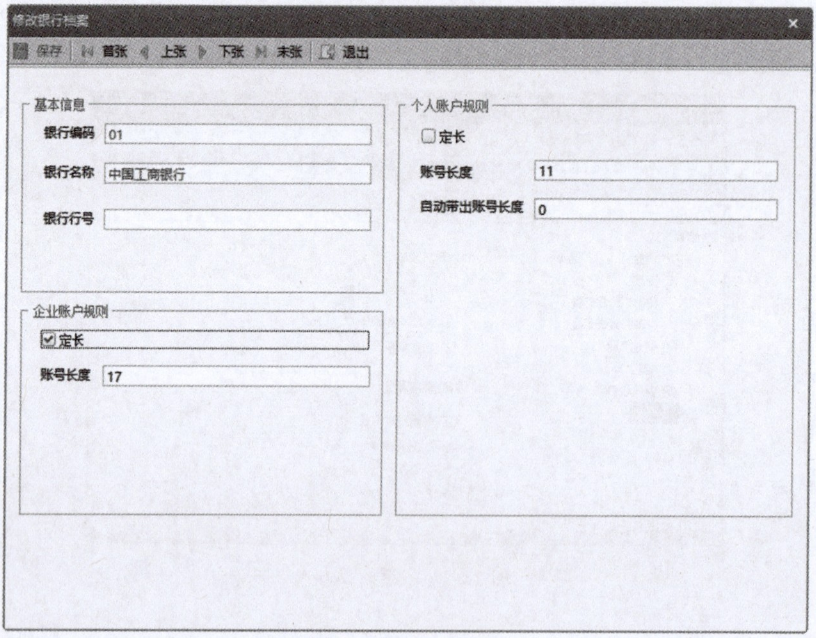

图2-6-3　设置银行档案

4. 设置本单位开户银行

① 路径指引：依次展开"业务导航/基础设置/基础档案/收付结算/本单位开户银行"菜单项。

② 编辑本单位开户银行：双击"本单位开户银行"菜单项，打开"本单位开户银行"窗口，单击工具栏中的"增加"按钮，设置"编码"为"01"，"银行账号"为"62248354910225229"，"币种"为"人民币"，"开户银行"为"中国工商银行北京朝阳支行"，选择"所属银行编码"为"01-中国工商银行"，"签约标志"为"检查收付款账号"。

③ 保存：录入完毕后，单击"保存"按钮，结果如图2-6-4所示。

④ 退出：单击窗口中的"关闭"按钮，退出任务。

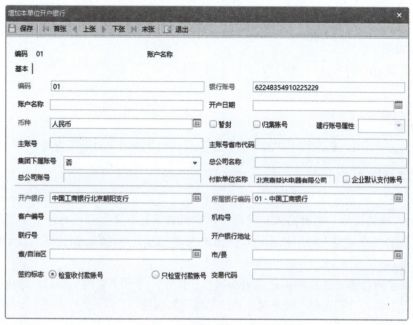

图 2-6-4　设置本单位开户银行

实训七　单据设置

实训任务

1. 单据格式

设置"销售订单"和"委托代销结算单"的单据格式，在"销售订单"的表头增加"定金原币金额"和"必有定金"栏目，在"委托代销结算单"的表头增加"发票号"栏目。

2. 单据编号

将采购管理中的采购专用发票、采购普通发票、采购运费发票和采购订单的单据编号，以及销售管理中的销售专用发票、代垫费用单、销售普通发票和销售订单的单据编号设置为"手工改动，重号时自动重取"。

任务解析

1. 背景知识

(1) 单据格式

单据是记录企业经济业务发生的原始证明。U8+系统中已经预置了企业常用的单据，称为单据模板。企业可根据自身业务情况，在系统提供的单据模板的基础上定义本企业所需要的单据格式。每一种单据格式设置分为显示单据格式设置和打印单据格式设置。

(2) 单据编号

根据企业业务中使用的各种单据、档案的需求，由用户自己设置各种单据、档案类型的编码生成原则。

2. 岗位说明

以账套主管A01身份进行单据设置。

实训指引

以"账套主管A01，操作日期2022年5月1日"登录企业应用平台进行设置。

1. 设置单据格式

① 路径指引：依次展开"业务导航/基础设置/单据设置/单据格式设置"菜单项。

② 编辑"销售订单"单据格式：双击"单据格式设置"菜单项，打开"单据格式设置"窗口，在左侧"单据类型"栏中依次展开"销售管理/销售订单/显示/销售订单显示模板"菜单项，调整如下。

- 增加字段：单击工具栏中的"表头项目"按钮，打开"表头"窗口，选中"定金原币金额"和"必有定金"复选框，单击"确定"按钮。
- 调整位置：找到"定金原币金额"和"必有定金"字段，拖曳到合适的位置。

③ 保存：调整完毕，单击"保存"按钮，结果如图2-7-1所示。

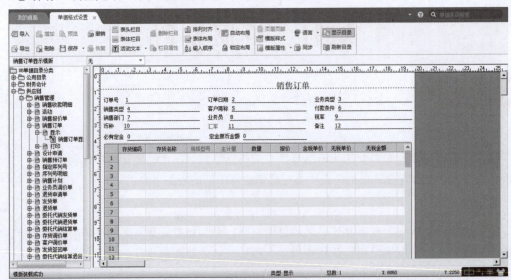

图2-7-1　设置单据格式

④ 编辑其他单据格式：重复前面的步骤，继续编辑。
⑤ 退出：单击窗口中的"关闭"按钮，退出任务。

> ❖ **特别提醒：**
>
> ◇ 需要指出的是，若增加之后看不到"发票号"编辑框，则是被其他项挡住了，可通过窗口右上角的"单据标题"下拉列表框选定"发票号"，此时该编辑框周围有8个黑点，将鼠标指针置于8个黑点之间并拖动，然后将其放置到合适的位置即可。

2. 设置单据编号

① 路径指引：依次展开"业务导航/基础设置/单据设置/单据编号设置"菜单项。
② 编辑"采购专用发票"单据编号：双击"单据编号设置"菜单项，打开"单据编号设置"窗口，在左侧的"单据类型"栏中依次展开"采购管理/采购专用发票"菜单项，单击工具栏中的"修改"按钮，选中"手工改动，重号时自动重取"复选框。
③ 保存：编辑完毕，单击"保存"按钮，结果如图2-7-2所示。
④ 编辑其他单据编号：重复前面的步骤，继续编辑。
⑤ 退出：单击窗口中的"关闭"按钮，退出任务。

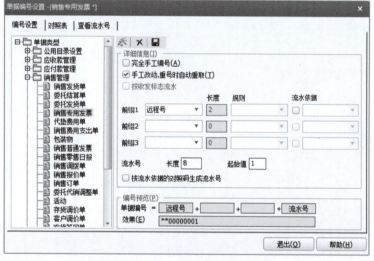

图 2-7-2　设置单据编号

> ❖ **拓展任务：**
>
> **设置常用摘要**
>
> ◇ 功能概要：实现填写凭证时常用摘要的调用。
> ◇ 路径指引：依次展开"基础设置/基础档案/其他"菜单项。
> ◇ 岗位说明：账套主管A01

项目三 初始化——动态数据

实训一 采购管理系统初始化

实训任务

1. 采购选项

选择"启用受托代销"选项，单据的默认税率为13%。

2. 采购期初

货到票未到业务一笔：2022年4月15日，杨杰从北京奥博购入雀巢F11全自动胶囊咖啡机150台，已入咖啡机仓库，发票未到。暂估入库单价为1,688.00元，货款共计253,200.00元。

3. 采购管理系统执行期初记账

采购期初录入完成后，进入期初记账。

任务解析

1. 背景知识

(1) 系统初始化的意义

用友U8+是一个通用管理软件，适用于各行各业企业内部购销存业务管理。不同企业所属行业及管理模式不同，具体业务也存在一定的差异，供应链管理初始化就是由企业用户根据自身的行业特性、管理需求和业务特征，通过在U8+供应链各子系统中选择合适的选项确定企业的个性化应用方案，设置与业务活动相关联的财务核算科目，以便在业务活动发生的同时生成相应的财务核算凭证，通过将企业截止到U8+启用日期未完工的业务采用一定的记录方法录入供应链管理各子系统，以确保业务活动记录的完整性和连续性。以上几项活动为企业利用U8+供应链管理进行业务管控做好了基础铺垫。

供应链管理初始化工作具有决定性意义，从工作内容上看属于一次性工作，一旦设置完成就无须再设置，但可能随着外部政策和内部管理需求的变化而有所调整。

(2) 采购期初数据

采购管理系统的期初数据包括三类，其业务类型、含义及录入方法如表3-1-1所示。

表3-1-1 采购期初数据

类型	含义	录入
期初暂估入库	截至系统启用日，货已入库，但发票未到	采购管理—采购入库—采购入库单
期初在途存货	截至系统启用日，发票已到，但货物未到	采购管理—采购发票—专用采购发票或普通采购发票
期初受托代销入库	截至系统启用日，已办理受托代销入库，但尚未结算	采购管理—采购入库—受托代销入库单

2. 岗位说明

以账套主管A01身份进行采购管理初始化设置。

实训指引

以"账套主管A01，操作日期2022年5月1日"登录企业应用平台进行设置。

1. 采购选项设置

① 路径指引：依次展开"业务导航/供应链/采购管理/设置/选项"菜单项。

② 编辑参数：双击"采购选项"菜单项，打开"选项"窗口，在"业务及权限控制"页签中，选择"启用受托代销"复选框，如图3-1-1所示；在"公共及参照控制"页签中，录入"单据默认税率"为"13"，如图3-1-2所示，其他选项采用默认设置不变。

③ 保存：编辑完毕，单击"确定"按钮。

④ 退出：单击窗口中的"关闭"按钮，退出任务。

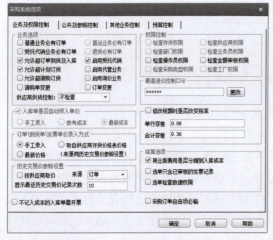

图 3-1-1 "业务及权限控制"页签

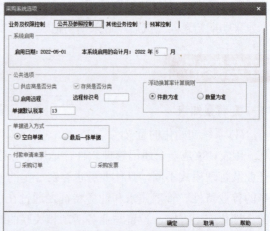

图 3-1-2 "公共及参照控制"页签

❖ **特别提醒：**

◇ 在修改采购选项前，应确定没有使用采购系统的相关功能，否则系统提示警告信息。

◇ 在相关业务开始后，不要随意修改采购选项。

2. 采购期初数据录入

① 路径指引：依次展开"业务导航/供应链/采购入库/采购入库单"菜单项。

② 编辑"期初采购入库单":双击"采购入库单"菜单项,打开"期初采购入库单"窗口,单击工具栏中的"增加"按钮,录入如下信息。

- 表头部分:"入库日期"为"2022-04-15","仓库"为"咖啡机仓库","供货单位"为"北京奥博","入库类别"为"采购入库",其他项为默认设置。
- 表体部分:"存货名称"为"雀巢F111胶囊咖啡机全自动","数量"为"150","本币单价"为"1,688.00",其他项为默认设置。

③ 保存:录入完毕,单击工具栏中的"保存"按钮,结果如图3-1-3所示。

④ 退出:单击窗口中的"关闭"按钮,退出任务。

图3-1-3 期初采购入库单

❖ **特别提醒:**
- 采购管理系统的"采购入库"只能录入期初暂估入库单。采购期初记账后,采购入库单只能在"库存管理"系统的"入库业务/采购入库单"中录入或生成。
- 期初采购入库单在采购管理系统期初记账前可以修改和删除,但在期初记账后,不允许修改和删除。

3. 采购期初记账

① 路径指引:依次展开"业务导航/供应链/采购管理/设置/采购期初记账"菜单项。

② 期初记账:双击"采购期初记账"菜单项,打开"期初记账"窗口,单击"记账"按钮。

③ 保存:记账完毕,单击"确定"按钮,完成采购管理系统期初记账操作。

④ 退出:单击窗口中的"关闭"按钮,退出任务。

❖ **特别提醒:**
- 采购期初记账是表明采购管理系统的上期业务数据录入工作已完成,之后进行的业务操作属于当期业务。
- 如果没有期初数据,可以不输入期初数据,但必须执行期初记账操作。

> ❖ **拓展任务：**
>
> **设置入库完成，订单自动关闭**
> ◆ 功能概要：实现订单自动关闭的条件。
> ◆ 路径指引：依次展开"供应链/采购管理/设置"菜单项。
> ◆ 岗位说明：账套主管A01。

实训二　销售管理系统初始化

实训任务

1. 销售选项

销售选项选择"有零售日报业务""有委托代销业务""有分期收款业务""有直运销售业务""允许超发货量开票""委托代销必有订单"和"分期收款必有订单"。

2. 销售期初

发货未开票业务一笔：2022年4月18日，销售部向南昌益华销售200台TKH电烤箱，含税单价为1,699.00元，已发货尚未开票。

任务解析

1. 背景知识

(1) 销售业务控制选项

根据企业所属行业及业务范围不同，可以选择不同的销售业务类型，用友U8+系统可以处理零售日报业务、销售调拨业务、委托代销业务、分期收款业务和直运销售业务。如果企业有相应业务，需要开启相应的控制选项，否则无法处理。

(2) 销售期初数据

销售管理系统的期初数据包括三类，其业务类型、含义及录入方法如表3-2-1所示。

表3-2-1　销售期初数据

类型	含义	录入
期初发货单	截至系统启用日已发货但未开票未收款	销售管理/设置/期初录入/期初发货单
期初分期收款发货单	截至系统启用日已发货但仍有未开票未收款部分	销售管理/设置/期初录入/期初发货单
期初委托代销发货单	截至系统启用日已办理委托代销发货但尚未结算	销售管理/设置/期初录入/期初委托代销发货单

2. 岗位说明

以账套主管A01身份进行销售管理初始化设置。

实训指引

以"账套主管A01,操作日期2022年5月1日"登录企业应用平台进行设置。

1. 设置销售选项

① 路径指引:依次展开"业务导航/供应链/销售管理/设置/销售选项"菜单项。

② 编辑参数:双击"销售选项"菜单项,打开"销售选项"窗口,在"业务控制"页签中,选中"有零售日报业务""有委托代销业务""有分期收款业务""有直运销售业务""允许超订量发货""允许超发货量开票""委托代销必有订单"和"分期收款必有订单"复选框,其他选项为默认设置。

③ 保存:编辑完毕,单击"确定"按钮,结果如图3-2-1所示。

④ 退出:单击窗口中的"关闭"按钮,退出任务。

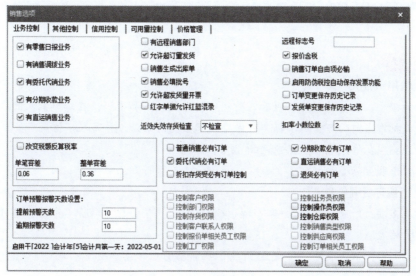

图 3-2-1 设置销售选项

2. 录入销售期初数据

① 路径指引:依次展开"业务导航/供应链/销售管理/设置/期初录入/期初发货单"菜单项。

② 编辑"期初采购入库单":双击"期初发货单"菜单项,打开"期初发货单"窗口,单击工具栏中的"增加"按钮,设置如下信息。

- 表头部分:"发货日期"为"2022-04-18","客户简称"为"南昌益华","销售部门"为"销售部","业务员"为"陈馨",其他项默认。
- 表体部分:"仓库名称"为"电烤箱仓库","存货编码"为"0004","存货名称"为"TKH电烤箱","数量"为"200","本币单价"为"1,699.00",其他项默认。

③ 保存:录入完毕,单击工具栏中的"保存"按钮,结果如图3-2-2所示。

④ 退出:单击窗口中的"关闭"按钮,退出任务。

图 3-2-2　期初发货单

> ❖ **任务解析：**
>
> 1. **设置信用审批人**
>   - ◇ 功能概要：当超信用时，可输入信用审批人的姓名和密码，在该审批人的权限之内，可以批准当前的超信用单据，可保存或审核当前单据，并写入"信用审批人"。
>   - ◇ 路径指引：依次展开"供应链/销售管理/设置"菜单项。
>   - ◇ 岗位说明：账套主管A01。
> 2. **设置销售存货调价单**
>   - ◇ 功能概要：修改存货的价格。审核调价单以后，销售存货调价单中的价格可以更新存货价格表。
>   - ◇ 路径指引：依次展开"供应链/销售管理/价格管理"菜单项。
>   - ◇ 岗位说明：账套主管A01。

实训三　库存管理系统初始化

实训任务

1. 库存选项

专用设置：选中"允许超采购到货单入库"选项；设置"自动带出单价的单据"为"采购入库单""采购入库取价按采购管理选项"。

2. 库存期初数据

按表3-3-1录入嘉益达电器库存期初数据。

表3-3-1 库存期初数据

仓库编码	仓库名称	存货编码	存货名称	数量	单价	金额	入库类别
01	咖啡机仓库	0001	意式家用咖啡机全自动	300	3,490.00	1,047,000.00	采购入库
		0002	复古胶囊咖啡机半自动	260	2,340.00	608,400.00	采购入库
		0003	雀巢F11胶囊咖啡机全自动	500	1,688.00	844,000.00	采购入库
02	电烤箱仓库	0004	TKH电烤箱	600	1,699.00	1,019,400.00	采购入库
		0005	Toffy电烤箱	300	429.00	128,700.00	采购入库
		0006	柏翠电烤箱	250	1,398.00	349,500.00	采购入库
03	榨汁机仓库	0007	SMMCK榨汁机	300	898.00	269,400.00	采购入库
		0008	摩飞便捷式榨汁机	350	219.00	76,650.00	采购入库
		0009	多乐榨汁机	30	199.00	5,970.00	采购入库

任务解析

1. 背景知识

库存期初数据需要按照各仓库中存放的存货数量及单价分别录入，不合格品期初单独录入。用友U8+系统中，库存管理系统和存货核算系统共用期初数据，如果期初数据先从库存管理系统录入，在存货核算系统中可以通过"取数"获得；如果期初数据先从存货核算系统录入，在库存管理系统中也可以通过"取数"获得。

2. 岗位说明

以账套主管A01身份进行库存管理系统初始化。

实训指引

以"账套主管A01，操作日期2022年5月1日"登录企业应用平台进行设置。

1. 设置库存选项

① 路径指引：依次展开"业务导航/供应链/库存管理/初始设置/选项"菜单项。

② 编辑参数：双击"选项"菜单项，打开"库存选项设置"窗口，在"专用设置"页签中，选中"采购入库"列表框中的"超采购到货单入库"复选框，设置"自动带出单价的单据"为"采购入库单"及其子项"采购入库取价按采购管理选项"，其他选项为默认设置。

③ 保存：编辑完毕，单击"确定"按钮，结果如图3-3-1所示。

④ 退出：单击窗口中的"关闭"按钮，退出任务。

图 3-3-1　设置库存选项

2. 录入库存期初数据

① 路径指引：依次展开"业务导航/供应链/库存管理/初始设置"菜单项。

② 编辑"咖啡机仓库"期初库存：双击"期初结存"菜单项，打开"库存期初数据录入"窗口，选择"仓库"为"咖啡机仓库"，单击"修改"按钮，设置如下信息。

- 第1行"存货"为"0001/意式家用咖啡机全自动"，"数量"为"300"，"单价"为"3,490.00"，"入库类别"为"采购入库"。
- 第2行"存货"为"0002/复古胶囊咖啡机半自动"，"数量"为"260"，"单价"为"2,340.00"，"入库类别"为"采购入库"。
- 第3行"存货"为"0003/雀巢F11胶囊咖啡机全自动"，"数量"为"500"，"单价"为"1,688.00"，"入库类别"为"采购入库"。

③ 保存：录入完毕，单击工具栏中的"保存"按钮，结果如图3-3-2所示。
④ 编辑其他仓库期初库存：重复前面的步骤，参照表3-3-1，录入其他仓库的期初库存。
⑤ 退出：单击窗口中的"关闭"按钮，退出任务。

❖ **特别提醒：**

- ◇ 库存期初结存数据必须按照仓库分别录入，且录入完成后必须审核。期初结存数据的审核实际是期初记账的过程，表明该仓库期初数据录入工作的完成。
- ◇ 库存期初数据审核按照分仓库分存货进行，即"审核"功能仅针对当前仓库的一条存货记录进行审核；"批审"功能是对当前仓库的所有存货执行审核，不是审核所有仓库的存货。
- ◇ 审核后的库存期初数据不能修改、删除，但可以"弃审"后进行修改或删除。

图 3-3-2　录入库存期初数据

实训四　存货核算系统初始化

实训任务

1. 存货选项

① 核算方式：包括暂估和委托代销成本核算两种方式。其中，暂估方式指单到回冲，委托代销成本核算方式指按发出商品核算。

② 控制方式：选中"结算单价与暂估单价不一致是否调整出库成本"选项。

2. 存货科目

按照表3-4-1完成存货科目设置。

表3-4-1　存货科目

仓库编码	仓库名称	存货科目 编码与名称	分期收款 发出商品科目	委托代销 发出商品科目	直运科目
01	咖啡机仓库	1405库存商品	1406发出商品	1406发出商品	1402在途物资
02	电烤箱仓库	1405库存商品	1406发出商品	1406发出商品	1402在途物资
03	榨汁机仓库	1405库存商品	1406发出商品	1406发出商品	1402在途物资
04	受托代销仓库	1321受托代销商品			

3. 对方科目

按照表3-4-2完成存货对方科目设置。

表3-4-2 对方科目

收发类别编码	收发类别名称	对方科目名称	暂估科目名称
11	采购入库	1402 在途物资	220202 暂估应付账款
12	受托代销入库	2314 受托代销商品款	
13	盘盈入库	190101 待处理流动资产损溢	
21	销售出库	6401 主营业务成本	
22	委托代销出库	6401 主营业务成本	
23	盘亏出库	190101 待处理流动资产损溢	

4. 存货核算期初数据

存货核算期初数量与库存管理系统期初数据一致。

任务解析

1. 背景知识

(1) 存货科目和存货对方科目

存货核算系统是联系供应链管理系统与总账系统的"桥梁",各种存货的购进、销售及其他出入库业务均需要在存货核算系统中生成凭证。为便于大家理解,接下来以购进商品为例解释U8+财务业务一体化的原理。

例如,商业企业购进商品核算分录如下。

借:库存商品
  贷:在途物资

在U8+中如何根据业务的发生进程自动生成该凭证呢?

第一,商品入库时需填制采购入库单,采购入库单中要指定该存货入哪个仓库,系统根据仓库从表3-4-1存货科目列表中取该仓库对应的存货科目——库存商品。

第二,填制采购入库单时必须指定入库类别,本例选择"采购入库",系统根据入库类别从表3-4-2对方科目列表中取该入库类别对应的对方科目——在途物资。

综上所述,设置存货科目就是设置本系统中生成凭证所需要的各种存货科目、差异科目、分期收款发出商品科目、委托代销科目,设置存货对方科目就是设置本系统中生成凭证所需要的存货对方科目,用户在制单之前应先将存货科目和存货对方科目设置正确、完整,否则系统生成凭证时无法自动带出科目。

(2) 存货核算期初数据的生成与记账

初次使用存货核算系统时,应先输入全部末级存货的期初余额。存货核算的期初数据,一般与库存管理系统的期初相对应,可以直接录入。但若已在库存管理系统中录入,则可以在存货核算系统中通过"取数"功能,从库存管理系统读取。

录入期初数据后,通过执行期初记账,系统把期初差异分配到期初单据上,并把期初单据的数据记入存货总账、存货明细账、差异账、委托代销/分期收款发出商品明细账。期初记账后,用户才能进行日常业务、账簿查询、统计分析等操作。

2. 岗位说明

以账套主管A01身份进行存货核算系统初始化。

实训指引

以"账套主管A01,操作日期2022年5月1日"登录企业应用平台进行设置。

1. 设置存货核算选项

① 路径指引:依次展开"业务导航/供应链/存货核算/初始设置/选项/选项录入"菜单项。

② 编辑参数:双击"选项"菜单项,打开"选项录入"窗口,在"核算方式"页签中,设置"暂估方式"为"单到回冲","委托代销成本核算方式"为"按发出商品核算",结果如图3-4-1所示。在"控制方式"页签中,选中"结算单价与暂估单价不一致是否调整出库成本"复选框,其他选项按系统默认,结果如图3-4-2所示。

③ 保存:编辑完毕,单击"确定"按钮。

④ 退出:单击窗口中的"关闭"按钮,退出任务。

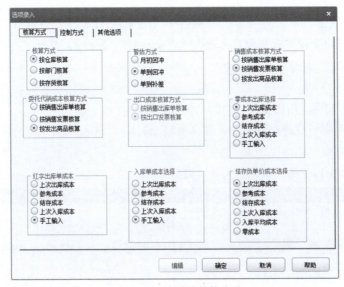

图 3-4-1　设置存货核算选项

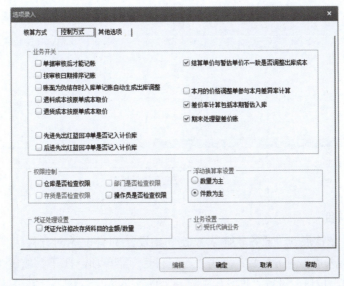

图 3-4-2　设置控制方式选项

> **栏目说明：**
> - 暂估方式："月初回冲"是指月初时系统自动生成红字回冲单，报销处理时，系统自动根据报销金额生成采购报销入库单；"单到回冲"是指报销处理时，系统自动生成红字回冲单，并生成采购报销入库单；"单到补差"是指报销处理时，系统自动生成一笔调整单，调整金额为实际金额与暂估金额的差额。
> - 委托代销成本核算方式：如果用户选择按发出商品业务类型核算，则按发货单+发票记账。

暂估单价与结算单价不一致，暂估处理时是否调整出库成本的原则是，在结算成本处理时系统将自动生成出库调整单来调整差异。此方法只针对先进先出、后进先出和个别计价3种方法，因为只有这3种计价方式可通过出库单跟踪到入库单。

2. 设置存货科目

① 路径指引：依次展开"业务导航/供应链/初始设置/科目设置/存货科目"菜单项。

② 编辑"咖啡机仓库"存货科目：双击"存货科目"菜单项，打开"存货科目"窗口，单击工具栏中的"增加"按钮，设置"仓库"为"01/咖啡机仓库"，"存货科目"为"1405/库存商品"。

③ 保存：录入完毕，单击工具栏中的"保存"按钮。

④ 编辑其他存货科目：重复上一步骤，参照表3-4-1，录入其他存货科目，结果如图3-4-3所示。

⑤ 退出：单击窗口中的"关闭"按钮，退出任务。

仓库编码	仓库名称	存货分类编码	存货分类名称	存货编码	存货名称	存货科目编码	存货科目名称	差异科目编码	差异科目名称	分期收款发出商品科目编码
02	电烤箱仓库					1405	库存商品			1406
01	咖啡机仓库					1405	库存商品			1406
03	榨汁机仓库					1405	库存商品			1406
04	受托代销仓库					1321	受托代销商品			

图 3-4-3 设置存货科目

3. 设置对方科目

① 路径指引：依次展开"业务导航/供应链/初始设置/科目设置/对方科目"菜单项。

② 编辑"采购入库"对方科目：双击"对方科目"菜单项，打开"对方科目"窗口，单击工具栏中的"增加"按钮，设置"收发类别"为"11/采购入库"，"对方科目"为"1402/在途

物资"，"暂估科目"为"220202/暂估应付款"。

③ 保存：录入完毕，单击工具栏中的"保存"按钮。

④ 编辑其他对方科目：重复上一步骤，参照表3-4-2，录入其他对方科目，结果如图3-4-4所示。

⑤ 退出：单击窗口中的"关闭"按钮，退出任务。

收发类别编码	收发类别名称	存货分类编码	存货分类名称	存货编码	存货名称	部门编码	部门名称	项目大类编码	项目大类名称	项目编码	项目名称	对方科目编码	对方科目名称	暂估科目编码	暂估科目名称
11	采购入库											1402	在途物资	220202	暂估应付款
12	委托代销入库											2314	委托代销商品款		
13	盘盈入库											190101	待处理流动…		
21	销售出库											6401	主营业务成本		
22	委托代销出库											6401	主营业务成本		
23	盘亏出库											190101	待处理流动…		

图 3-4-4 设置对方科目

4. 存货核算期初数据的生成与记账

① 路径指引：依次展开"业务导航/供应链/初始设置/期初余额"菜单项。

② "咖啡机仓库"取数：双击"期初余额"菜单项，打开"期初余额"窗口，选择"仓库"为"咖啡机仓库"，单击工具栏中的"取数"按钮，系统自动采集到存货的数据信息。

③ 其他仓库取数：重复上一步骤，采集其他仓库的数据信息。

④ 对账：单击工具栏中的"对账"按钮，弹出"库存与存货期初对账查询条件"对话框，已默认选择了所有仓库，直接单击"确定"按钮，系统弹出对账成功信息提示框，单击"确定"按钮，完成库存与存货的期初对账。

⑤ 记账：依次展开"业务导航/供应链/初始设置/期初分期收款发出商品"菜单项，单击"取数"按钮，系统自动采集期初分期收款发出商品数据。

依次展开"业务导航/供应链/初始设置/期初委托代销发出商品"菜单项，单击"取数"按钮，系统自动采集期初委托代销发出商品数据。

依次展开"业务导航/供应链/初始设置/期初余额"菜单项，单击工具栏中的"记账"按钮，系统弹出记账成功信息提示框，单击"确定"按钮，完成存货期初记账工作。

⑥ 汇总：单击工具栏中的"汇总"按钮，弹出"期初汇总条件选择"对话框，已默认选择了所有仓库，选择"存货级次"为"1"到"明细"，单击"确定"按钮，打开"期初数据汇总"窗口，表明完成期初数据汇总工作。

⑦ 退出：单击窗口中的"关闭"按钮，退出任务。

> **❖ 特别提醒：**
> ◇ 期初数据录入完毕，必须期初记账后才能开始日常业务核算。
> ◇ 期初记账前可修改存货的计价方式及核算方式，也可修改存货的期初数据，但记账后不能修改。
> ◇ 期初数据记账是针对所有期初数据进行记账操作，因此用户在进行期初数据记账前，必须确认所有期初数据全部录入完毕并且正确无误，才能进行期初记账。

实训五　应付款管理系统初始化

实训任务

1. 账套参数

设置"单据审核日期依据"按"单据日期"，选择"自动计算现金折扣"选项，取消选择"控制操作员权限"选项。

2. 初始设置

按照表3-5-1完成应付款管理系统科目的设置。

表3-5-1　应付款管理系统科目的设置

科目类别	设置方式
基本科目设置	应付科目(人民币)：220201 一般应付账款
	预付科目(人民币)：1123预付账款
	采购科目(人民币)：1402在途物资
	税金科目(人民币)：22210101 进项税额
结算方式科目设置	结算方式为现金；币种为人民币；科目为1001库存现金
	结算方式为现金支票；币种为人民币；科目为100201工行存款
	结算方式为转账支票；币种为人民币；科目为100201工行存款
	结算方式为电汇；币种为人民币；科目为100201工行存款
	结算方式为委托收款；币种为人民币；科目为100201工行存款
	结算方式为其他；币种为人民币；科目为100201工行存款

3. 应付账款期初余额

按照表3-5-2录入应付账款期初余额，并与总账对账。

表3-5-2　采购专用发票

发票号	单据日期	供应商	存货	数量	原币单价	税率(%)
61860501	2021-04-17	北京北元	意式家用咖啡机全自动	300	3,490.00	13

任务解析

1. **背景知识**

(1) 应付款管理系统科目

由于应付款系统的业务类型较固定，生成的凭证类型也较固定，因此为了简化凭证生成操作，可以在此处将各业务类型凭证中的常用科目预先设置好。凭证科目设置一般包括以下几方面的内容。

① 设置基本科目。基本科目是指在核算应付款项时经常用到的科目，可以作为常用科目设置，而且所设置的科目必须是末级科目。核算应付款项时经常用到的科目包括应付账款、预付账款、采购科目、应交税费——进项税额、采购退回等。除上述基本科目外，银行承兑科目、商业承兑科目、现金折扣科目、票据利息科目、票据费用科目等都可以作为企业核算某类业务的基本科目。

② 设置控制科目。在核算供应商应付款时，如果针对不同的供应商分别设置不同的应付账款科目和预付账款科目，则可以先在账套参数中选择设置的依据，即选择是针对不同的供应商、供应商分类设置，还是按不同的地区分类设置，然后再依次将往来单位按供应商、供应商分类或地区分类的编码、名称、应付科目和预付科目等内容进行设置。

如果某个往来单位核算应付账款或预付账款的科目与常用科目设置中的一样，则可以不设置，否则，应进行设置。科目必须是有供应商往来辅助核算的末级最明细科目。

③ 设置产品科目。如果针对不同的存货(存货分类)分别设置不同的采购科目、应交增值税进项税额科目和采购退回科目，则也应先在账套参数中选择设置的依据，即选择是针对不同的存货设置，还是针对不同的存货分类设置。然后再按存货的分类编码、名称、采购科目、应交增值税进项税额科目和采购退回科目进行存货采购科目的设置。

如果某个存货(存货分类)的科目与常用科目设置中的一样，则可以不设置，否则，应进行设置。

④ 设置结算方式科目。不仅可以设置常用的科目，还可以为每种结算方式设置一个默认的科目，以便在应收账款核销时，直接按不同的结算方式生成相应的账务处理中所对应的会计科目。

(2) 应付账款期初数据

初次使用应付款系统时，需要在系统中记录未处理完的业务，以保证数据的连续性和完整性。应付账款系统的期初数据包括未结算完的发票和应付单、预付款单据、未结算完的应付票据。

在应付款系统中，期初余额按单据形式录入。应付账款通过发票录入、预付账款通过付款单录入、其他应付款通过其他应付单录入，以便在日常业务中对这些单据进行后续的核销、转账处理。

应付款系统记录的是供应商往来的明细业务记录，总账中的应付账款、应付票据、预付账款科目反映的是总括情况，两者应保持一致。如果事先已从应付款系统录入期初，那么在总账中可以通过"导入"的方式获取。

2. **岗位说明**

以账套主管A01身份进行应付款系统初始化设置。

实训指引

以"账套主管A01,操作日期2022年5月1日"登录企业应用平台进行设置。

1. 账套参数设置

① 路径指引:依次展开"业务导航/财务会计/应付款管理/设置/选项"菜单项。

② 编辑参数:双击"选项"菜单项,打开"账套参数设置"窗口,单击"编辑"按钮,弹出"选项修改需要重新登录才能生效"信息提示框,单击"确定"按钮,修改如下信息。

- "常规"页签:修改"应付单据审核日期"为"单据日期",选中"自动计算现金折扣"复选框。
- "权限与预警"页签:取消选中"控制操作员权限"复选框。

③ 保存:编辑完毕,单击"确定"按钮,结果如图3-5-1和图3-5-2所示。

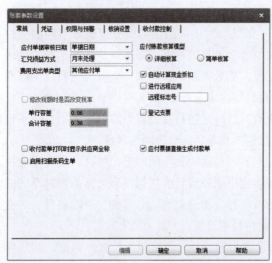

图3-5-1 常规参数

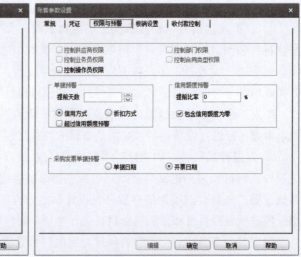

图3-5-2 权限与预警参数

④ 退出:单击窗口中的"关闭"按钮,退出任务。

栏目说明:

- 应付单据审核日期:如果选择单据日期,则在单据处理功能中进行单据审核时,自动将单据的审核日期(即入账日期)记为该单据的单据日期;如果选择业务日期,则在单据处理功能中进行单据审核时,自动将单据的审核日期(即入账日期)记为当前业务日期(即登录日期)。
- 自动计算现金折扣:如果供应商提供了在信用期间内提前付款可以优惠的政策,则可以选择自动计算现金折扣,系统会在"核销处理"中显示"可享受折扣"和"本次折扣",并计算可享受的折扣。

2. 设置基本科目

① 路径指引:依次展开"业务导航/财务会计/应付款管理/设置/初始设置/基本科目"菜单项。

② 编辑"应付"基础科目:双击"初始设置"菜单项,打开"初始设置"窗口,在左侧选中"基本科目"选项,单击工具栏中的"增加"按钮,在右侧设置"基本科目种类"为"应付

科目","科目"为"220201","币种"为"人民币"。

③ 保存：编辑完毕，重复上一步骤，参照表3-5-1设置其他基本科目种类，结果如图3-5-3所示。

④ 退出：单击窗口中的"关闭"按钮，退出任务。

基本科目种类	科目	币种
应付科目	220201	人民币
预付科目	1123	人民币
采购科目	1402	人民币
税金科目	22210101	人民币

图 3-5-3　设置基本科目

3. 设置结算方式科目

① 路径指引：依次展开"业务导航/财务会计/应付款管理/设置/初始设置/结算科目"菜单项。

② 编辑"现金"结算方式科目：双击"初始设置"菜单项，打开"初始设置"窗口，在左侧选中"结算方式科目"选项，单击工具栏中的"增加"按钮，在右侧设置"结算方式"为"现金"，"币种"为"人民币"，"科目"为"1001"。

③ 保存：编辑完毕，重复上一步骤，参照表3-5-1设置其他结算方式科目，结果如图3-5-4所示。

④ 退出：单击窗口中的"关闭"按钮，退出任务。

> ❖ **特别提醒：**
>
> ◇ 如果需要为不同的供应商(分类方式为供应商分类、地区分类)分别设置应付款核算科目和预付款核算科目，则在"控制科目"中设置。
> ◇ 应付和预付科目必须是已经在科目档案中指定为应付系统的受控科目。
> ◇ 结算科目不能是已经在科目档案中指定为应收系统或应付系统的受控科目，而且必须是末级科目。

结算方式	币种	本单位账号	科目
1 现金	人民币		1001
201 现金支票	人民币		100201
202 转账支票	人民币		100201
4 电汇	人民币		100201
5 委托收款	人民币		100201
6 其他	人民币		100201

图 3-5-4　设置结算方式科目

4. 应付账款期初余额录入

① 路径指引：依次展开"业务导航/财务会计/应付款管理/期初余额"菜单项。

② 录入"北京北元"期初余额：双击"期初余额"菜单项，打开"期初余额—查询"窗口。单击"确定"按钮，进入"期初余额"窗口，单击工具栏中的"增加"按钮，弹出"单据类别"对话框，选择"单据名称"为"采购发票"，"单据类型"为"采购专用发票"，"方向"为"正向"，单击"确定"按钮，进入"采购专用发票"窗口，设置如下信息。

○ 表头部分："发票号"为"61860501"，"开票日期"为"2022-04-17"，"供应商"为"北京北元"，"部门"为"采购部"，"业务员"为"杨杰"，其他项默认。

○ 表体部分:"存货"为"0001/意式家用咖啡机全自动","数量"为"300","原币单价"为"3,490.00",其他项默认。

③ 保存:录入完毕,单击工具栏中的"保存"按钮,结果如图3-5-5所示。

④ 对账:单击工具栏中的"对账"按钮,对应付款系统与总账管理系统进行对账,打开"期初对账"窗口,此时显示"差额"不为零,表示对账不成功,后面在总账系统中进行"引入"操作后,再对账即可平衡。

⑤ 退出:单击窗口中的"关闭"按钮,退出任务。

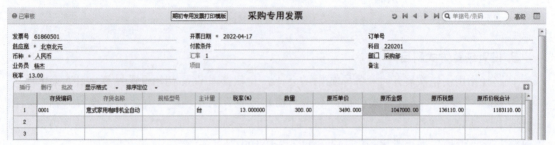

图 3-5-5 应付账款期初余额

实训六 应收款管理系统初始化

实训任务

1. 账套参数

"单据审核日期依据"按"单据日期",选择"自动计算现金折扣"选项,"坏账处理方式"选择"应收余额百分比",取消选择"控制操作员权限"选项。

2. 初始设置

按照表3-6-1和表3-6-2完成应收款管理系统科目设置和坏账准备设置。

表3-6-1 应收款管理系统科目的设置

科目类别	设置方式
基本科目设置	应收科目(人民币):1122应收账款
	预收科目(人民币):220301预收账款
	销售收入科目(人民币):6001主营业务收入
	销售退回科目(人民币):6001主营业务收入
	代垫费用科目(人民币):1001库存现金
	现金折扣科目(人民币):6603财务费用
	税金科目(人民币):22210103销项税额
结算方式科目设置	结算方式为现金;币种为人民币;科目为1001库存现金
	结算方式为现金支票;币种为人民币;科目为100201工行存款
	结算方式为转账支票;币种为人民币;科目为100201工行存款
	结算方式为电汇;币种为人民币;科目为100201工行存款
	结算方式为委托收款;币种为人民币;科目为100201工行存款
	结算方式为其他;币种为人民币;科目为100201工行存款

表3-6-2 坏账准备参数

控制参数	参数设置
提取比例	1%
坏账准备期初余额	29,500.00
坏账准备科目	1231(坏账准备)
对方科目	6701(信用减值损失)

3. 应收账款期初余额

按照表3-6-3完成应收账款期初余额,并与总账对账。

表3-6-3 销售专用发票

单据日期	发票号	客户名称	存货名称	数量	无税单价	价税合计	税率(%)
2022-04-25	81890301	厦门中兴	意式家用咖啡机全自动	500	3,490.00	1,971,850.00	13
2022-04-26	81890302	北京华南	雀巢F11胶囊咖啡机全自动	500	1,688.00	953,720.00	13

任务解析

1. 背景知识

(1) 坏账准备

企业应于期末针对不包含应收票据的应收款项计提坏账准备,用友U8+中提供了销售收入百分比法、应收账款余额百分比法、账龄分析法、直接转销法。坏账准备设置是指对坏账准备期初余额、坏账准备科目、对方科目及提取比率进行设置。

在第一次使用系统时,应直接输入期初余额。在以后年度使用系统时,坏账准备的期初余额由系统自动生成且不能进行修改。坏账提取比率可分别按销售收入百分比法和应收账款余额百分比法,直接输入计提的百分比。若按账龄百分比法提取,可直接输入各账龄期间计提的百分比。

(2) 应收账款期初数据

初次使用应收款系统时,需要在系统中记录未处理完的业务,以保证数据的连续性和完整性。应收账款系统的期初数据包括未结算完的发票和应收单、预收款单据、未结算完的应收票据。

在应收款系统中,期初余额按单据形式录入。应收账款通过发票录入、预收账款通过收款单录入、其他应收款通过其他应收单录入,以便在日常业务中对这些单据进行后续的核销、转账处理。

应收款系统记录的是客户往来的明细业务,总账中的应收账款、应收票据和预收账款科目反映的是总括情况,两者应保持一致。如果事先已从应收款系统录入期初,那么在总账中可以通过"导入"的方式获取。

2. 岗位说明

以账套主管A01身份进行应收款系统初始化设置。

实训指引

以"账套主管A01,操作日期2022年5月1日"登录企业应用平台进行设置。

1. 设置账套参数

① 路径指引：依次展开"业务导航/财务会计/应收款管理/设置/选项"菜单项。

② 编辑参数：双击"选项"菜单项，打开"账套参数设置"窗口，单击"编辑"按钮，弹出"选项修改需要重新登录才能生效"信息提示框，单击"确定"按钮，修改如下信息。

- "常规"页签：设置"应收单据审核日期"为"单据日期"，"坏账处理方式"为"应收余额百分比法"，选中"自动计算现金折扣"复选框。
- "权限与预警"页签：取消选中"控制操作员权限"复选框。

③ 保存：编辑完毕，单击"确定"按钮，结果如图3-6-1和图3-6-2所示。

④ 退出：单击窗口中的"关闭"按钮，退出任务。

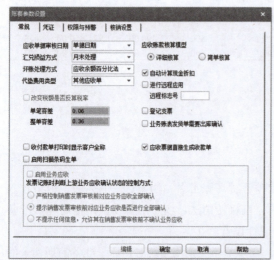

图 3-6-1　常规参数

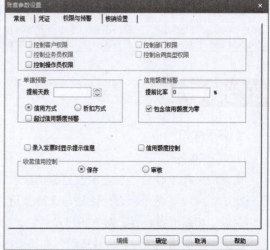

图 3-6-2　权限与预警参数

> **栏目说明：**

- 坏账处理方式：其中的应收账款余额百分比法，指以应收账款余额为基础，估计可能发生的坏账损失。
- 自动计算现金折扣：指为了鼓励客户在信用期间内提前付款而采用现金折扣政策。用户可以在系统中选择是否自动计算现金折扣。若选择自动计算，则需要在发票或应收单中输入付款条件，之后在核销处理界面中系统依据付款条件自动计算该发票或应收单可享受的折扣，输入本次折扣即可进行结算。公式为原币余额=原币金额-本次结算金额-本次折扣。
- 控制业务员权限：若选择启用该复选框，则在所有的处理、查询中均需要根据该用户的相关业务员数据权限进行限制，通过该功能，企业可加强对业务员管理的力度，提高数据的安全性；若选择不启用该复选框，则在所有的处理、查询中均不需要根据该用户的相关业务员数据权限进行限制。

2. 设置基本科目

① 路径指引：依次展开"业务导航/财务会计/应收款管理/设置/科目设置/基本科目"菜单项。

② 编辑"应收"基础科目：双击"设置"菜单项，打开"设置"窗口，在左侧选中"基本科目"选项，单击工具栏中的"增加"按钮，设置右侧"基本科目种类"为"应收科目"，

"科目"为"1122/一般应收账款","币种"为"人民币"。

③ 保存:编辑完毕,重复上一步骤,参照表3-6-1设置其他基础科目种类,结果如图3-6-3所示。

基本科目种类	科目	币种
应收科目	1122	人民币
预收科目	220301	人民币
销售收入科目	6001	人民币
销售退回科目	6001 220301	人民币
代垫费用科目	1001	人民币
现金折扣科目	6603	人民币
税金科目	22210103	人民币

图 3-6-3　设置基本科目

④ 退出:单击窗口中的"关闭"按钮,退出任务。

3. 设置结算方式科目

① 路径指引:依次展开"业务导航/财务会计/应收款管理/设置/科目设置/结算科目"菜单项。

② 编辑"现金"结算方式科目:双击"设置"菜单项,打开"设置"窗口,在左侧选中"结算方式科目"选项,单击工具栏中的"增加"按钮,设置右侧的"结算方式"为"现金","币种"为"人民币","科目"为"1001"。

③ 保存:编辑完毕,重复上一步骤,参照表3-6-1设置其他结算方式科目,结果如图3-6-4所示。

④ 退出:单击窗口中的"关闭"按钮,退出任务。

结算方式	币种	本单位账号	科目
1 现金	人民币		1001
201 现金支票	人民币		100201
202 转账支票	人民币		100201
4 电汇	人民币		100201
5 委托收款	人民币		100201
6 其他	人民币		100201

图 3-6-4　设置结算方式科目

4. 设置坏账准备

① 路径指引:依次展开"业务导航/财务会计/应收款管理/设置/初始设置"菜单项。

② 编辑"坏账准备设置":双击"设置"菜单项,打开"初始设置"窗口,在左侧选中"坏账准备设置"选项,在右侧设置"提取比率"为"1","坏账准备期初余额"为"29,500.00","坏账准备科目"为"1231","对方科目"为"6701"。

③ 保存:编辑完毕,结果如图3-6-5所示。

④ 退出:单击窗口中的"关闭"按钮,退出任务。

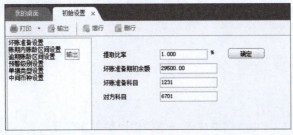

图 3-6-5　设置坏账准备

5. 录入应收账款期初余额

① 路径指引：依次展开"业务导航/财务会计/应收款管理/期初余额"菜单项。

② 录入"厦门中兴"期初余额：双击"期初余额"菜单项，打开"期初余额—查询"窗口。单击"确定"按钮，进入"期初余额"窗口，单击工具栏中的"增加"按钮，弹出"单据类别"对话框，设置"单据名称"为"销售发票"，"单据类型"为"销售专用发票"，"方向"为"正向"，单击"确定"按钮，进入期初"销售专用发票"窗口，设置如下信息。

- 表头部分："发票号"为"81890301"，"开票日期"为"2022-04-25"，客户名称为"厦门中兴"，销售部门为"销售部"，"业务员"为"陈馨"，其他项默认。
- 表体部分："货物"为"0001/意式家用咖啡机全自动"，数量为"500"，原币单价为"3,490.00"，其他项默认。

③ 保存：录入完毕，单击工具栏中的"保存"按钮，结果如图3-6-6所示。

④ 录入其他客户期初余额：重复上一步骤，参照表3-6-3录入其他客户期初余额。

⑤ 对账：单击工具栏中的"对账"按钮，将应收款管理系统与总账管理系统进行对账，打开"期初对账"窗口，此时显示"差额"不为零，表示对账不成功，后面在总账系统中进行"引入"操作后，再对账即可平衡。

⑥ 退出：单击窗口中的"关闭"按钮，退出任务。

图 3-6-6 期初余额设置

应收北京华南公司的期初余额操作同上。

实训七　总账系统初始化

实训任务

1. 总账选项

在"权限"页签中，选中"出纳凭证必须经由出纳签字"复选框，取消选择"制单序时控制"和"现金流量科目必录现金流量项目"选项。

2. 总账期初余额

按照表3-7-1和表3-7-2录入会计科目的期初余额。

表3-7-1 暂估应付账款的期初余额

日期	供应商	摘要	方向	金额
2022-04-15	宁波嘉乐	采购雀巢F11胶囊咖啡机全自动150台，暂估入库	贷	253,200.00

表3-7-2 总账科目期初余额

科目编码	科目名称	方向	金额	备注
1001	库存现金	借	8,220.00	
1002	银行存款	借	5,400,000.00	
100201	工行存款	借	5,400,000.00	
1122	应收账款	借	2,925,570.00	参照录入(引入)
1231	坏账准备	贷	29,500.00	
1405	库存商品	借	4,349,020.00	参照录入，见表3-3-1
2201	短期借款	贷	800,000.00	
2202	应付账款	贷	1,436,310.00	
220201	一般应付款	贷	1,183,110.00	参照录入(引入)
220202	暂估应付款	贷	253,200.00	参照录入，见表3-7-1
2501	长期借款	贷	1,500,000.00	
4001	实收资本	贷	4,500,000.00	
4101	盈余公积	贷	714,556.00	
4104	利润分配	贷	3,648,444.00	
410401	未分配利润	贷	3,702,444.00	

3. 期初余额对账及试算

期初余额录入完成后，进行对账及试算平衡。

任务解析

1. 背景知识

(1) 准备总账期初数据

为了保持账簿资料的连续性，应将原有系统下截止到总账启用日的各账户年初余额、累计发生额和期末余额输入计算机系统中。但因为它们之间存在这样的关系：如果某账户余额在借方，则年初余额+本年累计借方发生额-本年累计贷方发生额=期末余额；如果某账户余额在贷方，则年初余额+本年累计贷方发生额-本年累计借方发生额=期末余额。因此一般只需要在计算机中输入其中3个数据，即可根据上述关系自动计算出剩下的数据。

选择年初启用总账和选择年中启用总账需要准备的期初数据是不同的。如果选择年初建账，则只需要准备各账户上年年末的余额作为新一年的期初余额，且年初余额和月初余额相同。例如，某企业选择2022年1月启用总账系统，则只需要整理该企业2021年12月末各账户的期末余额作为2022年1月初的期初余额，因为本年没有累计数据发生，所以月初余额同时也是2022年年初余额。如果选择年中建账，不仅要准备各账户启用会计期间上一期的期末余额作为启用期的期初余额，而且还要整理自本年度开始截止到启用期的各账户累计发生数据。例如，某企业2022年9月启用总账系统，那么，应将该企业2022年8月末各科目的期末余额及1—8月的累计发生额整理出来，作为计算机系统的期初数据录入总账系统中，系统将自动计算年初余额。

如果科目设置了某种辅助核算，那么还需要准备辅助项目的期初余额。例如，应收账款科目设置了客户往来辅助核算，除了要准备应收账款总账科目的期初数据，还要详细记录这些应收账款是哪些客户的销售未收，因此要按客户整理详细的应收余额数据。

(2) 录入总账期初数据

录入期初余额时，根据科目性质不同，分为以下几种情况。

① 末级科目的余额可以直接输入。

② 非末级科目的余额数据由系统根据末级科目数据逐级向上汇总而得。

③ 科目有数量外币核算时，在输入完本位币金额后，还要在下面一行输入相应的数量和外币信息。

④ 科目有辅助核算时，不能直接输入该账户的期初余额，而是必须输入辅助账的期初余额。辅助账余额输入完毕后，自动带回总账。

(3) 期初余额试算平衡

期初数据输入完毕后应进行试算平衡。如果期初余额试算不平衡，则可以填制、审核凭证，但不能进行记账处理。因为企业信息化过程中，初始设置工作量大，占用时间比较长，为了不影响日常业务的正常进行，故允许在初始化工作未完成的情况下进行凭证的填制。系统只能对月初余额的平衡关系进行试算，而不能对年初余额进行试算。凭证记账后，期初余额变为只读状态，不能再被修改。

2. 岗位说明

以账套主管A01身份进行总账初始化设置。

实训指引

以"账套主管A01，操作日期2022年5月1日"登录企业应用平台进行设置。

1. 设置总账参数

① 路径指引：依次展开"业务导航/财务会计/总账/设置/选项"菜单项。

② 编辑参数：双击"选项"菜单项，打开"选项"窗口，单击"编辑"按钮，修改如下信息。

- "权限"页签：选中"出纳凭证必须经由出纳签字"复选框，如图3-7-1所示。
- "凭证"页签：取消选中"制单序时控制""现金流量科目必录现金流量项目"复选框，如图3-7-2所示。

③ 保存：编辑完毕，单击"确定"按钮。

④ 退出：单击窗口中的"关闭"按钮，退出任务。

项目三　初始化——动态数据

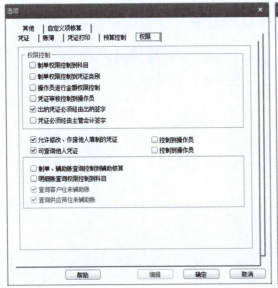

图3-7-1　"权限"页签

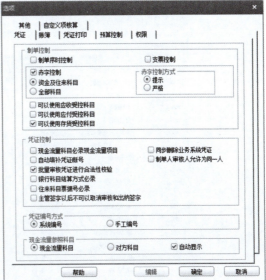

图3-7-2　"凭证"页签

2. 总账期初余额录入

根据期初余额录入方式的不同，在此把会计科目分为3类：直接录入、参照录入，以及通过录入下级科目自动得出。

(1) 直接录入

直接录入期初余额的科目包括库存现金、工行存款、坏账准备等。这些科目是末级科目且辅助账类型不是项目核算和部门核算，而且也不需要与其他账簿对账。

① 路径指引：依次展开"业务导航/财务会计/总账/期初/期初余额"菜单项。

② 录入"库存现金"科目余额：双击"期初余额"菜单项，打开"期初余额"窗口，选中"库存现金"期初余额栏，录入余额为"8,220.00"。

③ 录入其他科目余额：重复上一步骤，录入其他科目余额。

④ 退出：单击窗口中的"关闭"按钮，退出任务。

(2) 参照录入

以"应收账款"为例，参照录入的流程如下。

① 路径指引：依次展开"财务会计/总账/设置"菜单项。

② 引入"应收账款"科目余额：双击"期初余额"菜单项，打开"期初余额"窗口，双击"应收账款"期初余额栏，打开"辅助期初余额"窗口。单击工具栏中的"往来明细"按钮，打开"期初往来明细"窗口。单击工具栏中的"引入"按钮，弹出"确定要引入期初吗？"信息提示框，单击"是"按钮，系统将应收款系统中录入的两张发票信息引入总账，并显示在"期初往来明细"窗口中。

③ "汇总"科目余额：单击工具栏中的"汇总"按钮，系统自动汇总客户往来明细辅助期初，在弹出的多个对话框中直接单击"是"和"确定"按钮。单击"期初往来明细"窗口和"辅助期初余额"窗口中的"退出"按钮，自动汇总出科目余额为"2,925,570.00"，如图3-7-3所示。

④ 引入其他科目余额：重复上一步骤，引入其他科目余额。

⑤ 退出：单击窗口中的"关闭"按钮，退出任务。

图 3-7-3　期初余额

(3) 通过录入下级科目自动得出

该类会计科目的期初余额不需要通过人工录入，系统会依据其下级科目的账户期初余额自动给出。因为有些会计科目之间存在钩稽关系，所以系统可以自行处理。对比银行存款、利润分配等明细科目的余额后，系统可自动计算出其期初余额。

① 路径指引：依次展开"财务会计/总账/设置"菜单项。

② 录入"银行存款"科目余额：双击"期初余额"菜单项，打开"期初余额"窗口，选中"工行存款"期初余额栏，录入余额"5,400,000.00"。

③ 汇总：编辑完毕，自动得出上一级科目余额。

④ 录入其他科目余额：重复上一步骤，录入其他科目余额。

⑤ 退出：单击窗口中的"关闭"按钮，退出任务。

3. 期初余额对账

① 路径指引：依次展开"财务会计/总账/设置"菜单项。

② 对账。单击工具栏中的"对账"按钮，系统提示将"核对总账上下级""核对总账与辅助账""核对辅助账与明细账"，单击"开始"按钮，系统自动进行"总账上下级"核对、"总账与辅助账"核对、"辅助账与明细账"核对，结果如图3-7-4所示。

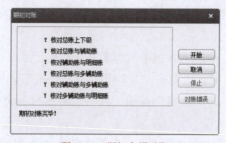

图 3-7-4　期初余额对账

③ 退出：单击窗口中的"关闭"按钮，退出任务。

4. 期初余额试算平衡

① 路径指引：依次展开"财务会计/总账/设置"菜单项。

② 对账：单击工具栏中的"试算"按钮，弹出"期初试算平衡表"对话框，并给出试算结果，如图3-7-5所示。

图3-7-5 "期初试算平衡表"对话框

③ 退出：单击窗口中的"关闭"按钮，退出任务。

> ❖ **特别提醒：**
> ◆ 在总账系统中，若有当月凭证已记账，则总账期初余额不能再被修改。

> ❖ **特别提醒：**
>
> **1. 设置数量、单价的小数位和本位币的精度分别为4、4、3**
> ◆ 功能概要：实现账套中数据的精确。
> ◆ 路径指引：依次展开"财务会计/总账/设置"菜单项。
> ◆ 岗位说明：账套主管A01。
>
> **2. 设置外币核算汇率方式：浮动汇率**
> ◆ 功能概要：实现汇率方式为浮动汇率。
> ◆ 路径指引：依次展开"财务会计/总账/设置"菜单项。
> ◆ 岗位说明：账套主管A01。

项目四 采购管理

实训一 普通采购业务

实训任务

2022年5月1日,根据业务需要,采购部请购一批TKH电烤箱(需求日期为5月3日)。原始单据参见图4-1-1。

请 购 单

请购部门:采购部
日期:2022年5月1日
供应商:广东新宝电器有限公司
请购货物的名称、数量及金额

货物名称	规格型号	计量单位	数量	预计单价(不含税)	金额(不含税)	税率	税额
TKH电烤箱		个	1,000	1,699.00	1,699,000.00	13%	220,870.00
合计			1,000		¥1,699,000.00		220,870.00

请购人员:杨杰　　　　　　　　　　审核人:杨杰

图 4-1-1 请购单

2022年5月3日,根据审核后的请购单,向广东新宝电器有限公司采购一批TKH电烤箱。原始单据可参见图4-1-2、图4-1-3和图4-1-4。

购 销 合 同

NO：CG0001

卖方：广东新宝电器有限公司
买方：北京嘉益达电器有限公司

为保护买卖双方的合法权益，买卖双方根据《中华人民共和国民法典》的有关规定，经友好协商，一致同意签订本合同并共同遵守。

一、货物的名称、数量及金额

货物名称	规格型号	计量单位	数量	单价(不含税)	金额(不含税)	税率	税额
TKH电烤箱		个	1,000	1,699.00	1,699 000.00	13%	220,870.00
合计			1,000		¥1,699,000.00		¥220,870.00

二、合同总金额：人民币壹佰玖拾壹万玖仟捌佰柒拾元整
（￥1,919,870.00）。
三、交货日期及结算方式：
1. 卖方于签订合同当日发出商品并结算款项。
2. 结算方式：电汇。
四、交货地点：北京嘉益达电器有限公司。
五、发运方式与运输费用承担方式：由卖方发货，运输费用由买方承担。

卖　　方：广东新宝电器有限公司　　　　买　　方：北京嘉益达电器有限公司
授权代表：袁敏　　　　　　　　　　　　授权代表：杨杰
日　　期：2022年5月3日　　　　　　　　日　　期：2022年5月3日

图 4-1-2　购销合同

广东增值税专用发票　　NO 90234890

1100171160　　　　　　　　　　　　　　开票日期：2022年05月03日

购货单位	名　称：北京嘉益达电器有限公司	密码区	略
	纳税人识别号：235020971DK0011		
	地址、电话：北京市朝阳区桥北路105号 010-53714456		
	开户行及账号：中国工商银行北京朝阳支行 62248354910225229		

货物或应税劳务、服务名称	规格型号	单位	数量	单价	金额	税率	税额
TKH电烤箱		个	1,000	1,699.00	1,699,000.00	13%	220,870.00
合计					¥1,699,000.00		¥220,870.00

价税合计(大写)　壹佰玖拾壹万玖仟捌佰柒拾元整　　(小写) ¥1,919,870.00

销货单位	名　称：广东新宝电器有限公司	备注
	纳税人识别号：1625385476598616	
	地址、电话：广州市越秀区解放路65号 020-65653399	
	开户行及账号：中国建设银行越秀解放路支行 6221981651651519	

收款人：(略)　　复核：(略)　　开票人：(略)　　销货单位：(章)

图 4-1-3　采购专用发票

图 4-1-4　电汇凭证

任务解析

1. 背景知识

(1) 普通采购业务

普通采购业务处理适用于大多数企业的日常采购业务，提供对采购请购、订货、到货处理、入库处理、采购发票、采购结算全过程的管理。

① 采购请购。采购请购是指企业内部各部门向采购部门提出采购申请，或者采购部门汇总企业内部采购需求列出采购清单。请购是采购业务的起点，可以依据审核后的采购请购单生成采购订单。在采购业务流程中，请购环节是可省略的。

② 订货。订货是指企业与供应商签订采购合同或采购协议，确定要货需求。供应商根据采购订单组织货源，企业依据采购订单进行验收。在采购业务流程中，订货环节是可选的。

③ 到货处理。采购到货是采购订货和采购入库的中间环节，一般由采购业务员根据供方通知或送货单填写到货单，确定对方所送货物的数量、价格等信息，并传递到仓库作为保管员收货的依据。在采购业务流程中，到货处理是可选的。

④ 入库处理。采购入库是指对供应商提供的物料进行检验(也可以免检)并确定合格后，放入指定仓库的业务。当采购管理系统与库存管理系统集成使用时，入库业务在库存管理系统中进行处理。当采购管理系统不与库存管理系统集成使用时，入库业务在采购管理系统中进行处理。在采购业务流程中，入库处理是必需的。

采购入库单是仓库管理员根据采购到货签收的实收数量填制的入库单据。采购入库单既可以直接填制，也可以通过复制采购订单或采购到货单生成。

⑤ 采购发票。采购发票是供应商开出的销售货物的凭证，采购系统根据采购发票确定采购成本，并据以登记应付账款。采购发票按业务性质可分为蓝字发票和红字发票；按发票类型可分为增值税专用发票、普通发票和运费发票。采购发票既可以直接填制，也可以从"采购订单"、"采购入库单"或其他的"采购发票"复制生成。

⑥ 采购结算。采购结算也称采购报账。在手工业务中，采购结算的过程是采购业务员拿经

主管领导审批过的采购发票和仓库确定的入库单到财务部门，由财务人员确定采购成本。在采购系统中，采购结算根据采购入库单和采购发票确定采购成本。采购结算的结果是生成采购结算单，它是记载采购入库单与采购发票对应关系的结算对照表。

采购结算分为自动结算和手工结算两种方式。

- 自动结算是由计算机系统自动将相同供货单位的、存货相同且数量相等的采购入库单和采购发票进行结算。
- 手工结算可以进行正数入库单与负数入库单结算、正数发票与负数发票结算、正数入库单与正数发票结算，以及费用发票单独结算。手工结算时可以先结算入库单中的部分货物，未结算的货物可以在今后取得发票后再结算，也可以同时对多张入库单和多张发票进行报账结算。手工结算还支持到下级单位采购、付款给其上级主管单位的结算，并支持三角债结算(即甲单位的发票可以结算乙单位的货物)。

在实际工作中，有时费用发票在货物发票已经结算后才收到，为了将该笔费用计入对应存货的采购成本，需要采用费用发票单独结算的方式。

(2) 普通采购业务的类型和流程

按货物和发票到达的先后，可将普通采购业务分为单货同行、货到票未到(暂估入库)、票到货未到(在途存货)3种类型，不同的业务类型对应的处理方式也不同。

按票到是否立即付款又分为现付和形成应付两种。

本实训先介绍单货同行业务的普通采购业务。

当采购管理、库存管理、存货核算、应付款管理、总账集成使用时，单货同行的采购业务流程如图4-1-5所示(本例为现付业务)。

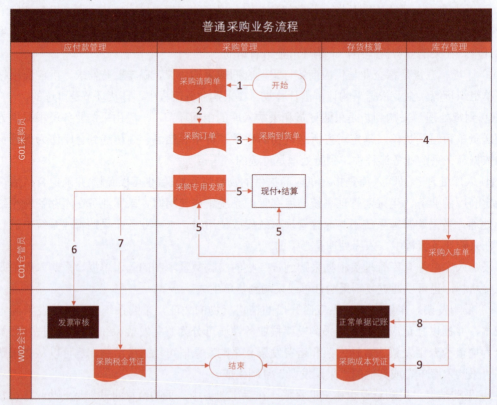

图 4-1-5　单货同行的采购业务流程

2. 岗位说明

采购G01完成采购管理系统的相关操作。

仓管C01完成库存管理系统的相关操作。

会计W02完成存货核算和应付款系统的相关操作。

实训指引

1. G01 请购

① 角色登录：以"采购G01，操作日期2022年5月1日"登录企业应用平台。

② 路径指引：依次展开"业务导航/供应链/采购管理/请购/请购单"菜单项。

③ 打开生单窗口：双击"请购单"菜单项，打开"采购请购单"窗口。

④ 编辑：单击工具栏中的"增加"按钮，设置如下信息。

○ 表头部分："请购部门"为"采购部"，"请购人员"为"杨杰"，"采购类型"为"普通采购"，其他项默认。

○ 表体部分："存货"为"0004/TKH电烤箱"，"数量"为"1,000"，"本币单价"为"1,699.00"，"需求日期"为"2022-05-03"，其他项默认。

⑤ 保存、审核：依次单击工具栏中的"保存""审核"按钮，完成"请购单"增加任务，结果如图4-1-6所示。

⑥ 退出：单击窗口中的"关闭"按钮，退出任务。

图 4-1-6　采购请购单

2. G01 采购订货

① 角色登录：以"采购G01，操作日期2022年5月3日"登录企业应用平台。

② 路径指引：依次展开"业务导航/供应链/采购管理/采购订货/采购订单"菜单项。

③ 打开生单窗口：双击"采购订单"菜单项，单击工具栏中的"增加"按钮，打开"采购订单"窗口，单击工具栏中的"参照/请购单"命令，打开"查询条件—单据列表过滤"对话框，单击"确定"按钮，打开"拷贝并执行"窗口。

④ 编辑：选中本业务采购请购单，单击工具栏中的"确定"按钮，增加一张"采购订单"，设置如下信息。

○ 表头部分:"订单编号"为"CG0001","采购类型"为"普通采购","供应商"为"广东新宝","部门"为"采购部","业务员"为"杨杰",其他项默认。
○ 表体部分:"原币单价"为"1,699.00",其他项默认。

⑤ 保存、审核:依次单击工具栏中的"保存""审核"按钮,完成采购订单任务,结果如图4-1-7所示。

⑥ 退出:单击窗口中的"关闭"按钮,退出任务。

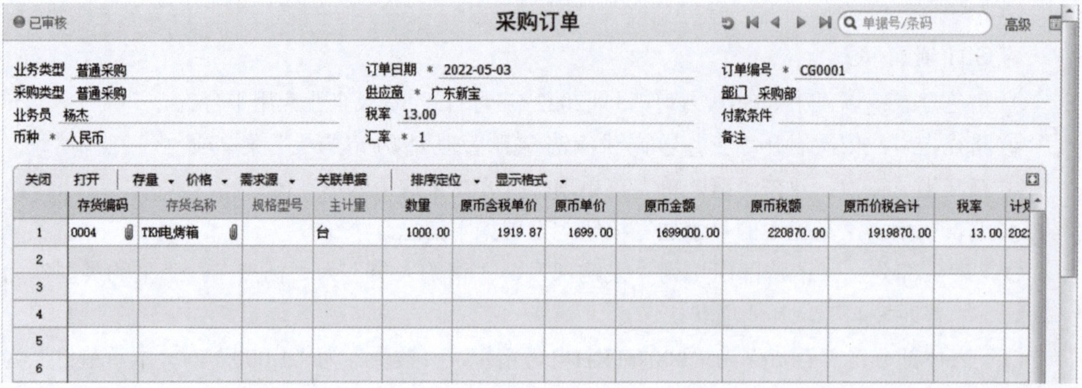

图 4-1-7 采购订单

3. G01 采购到货

① 路径指引:依次展开"业务导航/供应链/采购管理/采购到货/到货单"菜单项。

② 打开生单窗口:双击"到货单"菜单项,单击工具栏中的"增加"按钮,打开"到货单"窗口,单击工具栏中的"参照/采购订单"命令,打开"查询条件—单据列表过滤"对话框,单击"确定"按钮,打开"拷贝并执行"窗口。

③ 增加:选中本业务的采购订单,单击工具栏中的"确定"按钮,增加一张"到货单"。

④ 保存、审核:依次单击工具栏中的"保存""审核"按钮,完成采购到货任务,结果如图4-1-8所示。

⑤ 退出:单击窗口中的"关闭"按钮,退出任务。

图 4-1-8 采购到货单

4. C01 采购入库

① 角色登录：以"仓管C01，操作日期2022年5月3日"登录企业应用平台。

② 路径指引：依次展开"业务导航/供应链/库存管理/采购入库/采购入库单"菜单项。

③ 打开生单窗口：双击"采购入库单"菜单项，打开"采购入库单"窗口。单击工具栏中的"增加/采购/采购到货单"命令，弹出"查询条件选择—采购到货单列表"对话框，单击"确定"按钮，打开"到货单生单表头"窗口。

④ 编辑：选中本业务采购到货单，单击工具栏中的"确定"按钮，增加一张"采购入库单"，在表头部分，设置"仓库"为"电烤箱仓库"，其他项默认。

⑤ 保存、审核：依次单击工具栏中的"保存""审核"按钮，完成采购入库任务，结果如图4-1-9所示。

⑥ 退出：单击窗口中的"关闭"按钮，退出任务。

图 4-1-9　采购入库单

5. G01 采购开票

① 角色登录：以"采购G01，操作日期2022年5月3日"登录企业应用平台。

② 路径指引：依次展开"业务导航/供应链/采购管理/采购发票/专用采购发票"菜单项。

③ 打开生单窗口：双击"专用采购发票"菜单项，打开"专用发票"窗口。单击工具栏中的"增加"按钮，再单击工具栏中的"参照/入库单"命令，打开"查询条件—单据列表过滤"对话框，单击"确定"按钮，打开"拷贝并执行"窗口。

④ 编辑：选中本业务采购入库单，单击工具栏中的"确定"按钮，增加一张"采购发票"，在表头部分，设置"发票号"为"90234890"，其他项默认。

⑤ 保存：依次单击工具栏中的"保存""复核"按钮，完成编辑操作。

⑥ 现付：单击工具栏中的"现付"按钮，打开"采购现付"对话框，编辑"结算方式"为"电汇"，"原币金额"为"1,919,870.00"，"票据号"为"11889079"，单击"确定"按钮，此时窗口左上方出现"现付"字样。

⑦ 结算：单击工具栏中的"结算"按钮，此时窗口左上方出现"已结算"字样，结果如图4-1-10所示。

⑧ 退出：单击窗口中的"关闭"按钮，退出任务。

图 4-1-10　开具采购专用发票

6. W02 发票审核

① 角色登录：以"会计W02，操作日期2022年5月3日"登录企业应用平台。

② 路径指引：依次展开"业务导航/财务会计/应付款管理/应付处理/采购发票/采购发票审核"菜单项。

③ 打开审核窗口：双击"采购发票审核"菜单项，弹出"采购发票列表"对话框，单击"查询"按钮，打开"查询条件—发票查询"对话框，单击"确定"按钮。

④ 审核：选中本业务采购发票，单击工具栏中的"审核"按钮，弹出审核成功信息提示框，完成发票审核任务。

⑤ 退出：单击窗口中的"关闭"按钮，退出任务窗口。

7. W02 归集采购税金凭证

① 路径指引：依次展开"业务导航/财务会计/应付款管理/凭证处理/生成凭证"菜单项。

② 打开制单窗口：双击"生成凭证"菜单项，打开"制单查询"窗口，选中"现结"复选框，单击"确定"按钮，打开"制单"窗口。

③ 制单：选中本业务采购发票，单击工具栏中的"制单"按钮，生成凭证信息(借记：在途物资、应交税费/应交增值税/进项税额，贷记：银行存款/工行存款)。

④ 保存凭证：单击工具栏中的"保存"按钮，完成采购税金凭证任务，结果如图4-1-11所示。

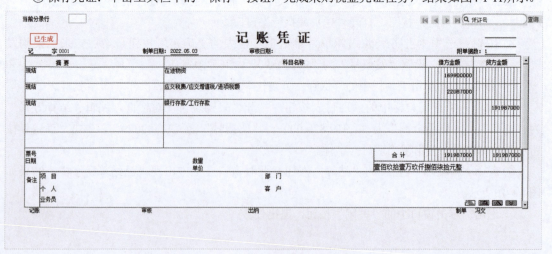

图 4-1-11　采购专用发票凭证

⑤退出：单击窗口中的"关闭"按钮，退出任务。

8. W02 单据记账

①路径指引：依次展开"业务导航/供应链/存货核算/记账/正常单据记账"菜单项。

②打开记账窗口：双击"正常单据记账"菜单项，打开"未记账单据一览表"窗口，单击"查询"按钮，弹出"查询条件"窗口，单击"确定"按钮，打开"记账"窗口。

③记账：选中本业务采购入库单，单击工具栏中的"记账"按钮，弹出记账成功信息提示框，单击"确定"按钮，完成记账任务。

④退出：单击窗口中的"关闭"按钮，退出任务。

9. W02 归集采购成本凭证

①路径指引：依次展开"业务导航/供应链/存货核算/凭证处理/生成凭证"菜单项。

②打开制单窗口：双击"生成凭证"菜单项，单击工具栏中的"选单"按钮，弹出"查询条件—生成凭证查询条件"对话框，单击"确定"按钮，打开"选择单据"窗口。

③制单：选中本业务的采购入库单，单击工具栏中的"确定"按钮，单击"合并制单"按钮，生成凭证信息(借记：库存商品，贷记：在途物资)。

④保存：单击工具栏中的"保存"按钮，保存该凭证，结果如图4-1-12所示。

⑤退出：单击窗口中的"关闭"按钮，退出任务。

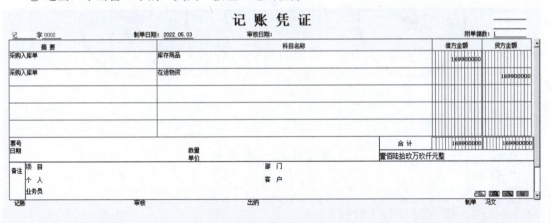

图 4-1-12　采购入库单凭证

实训二　有现金折扣的采购业务

实训任务

2022年5月4日，嘉益达电器公司与上海飞科电器有限公司签订采购合同。原始单据可参见图4-2-1和图4-2-2。

购 销 合 同

NO：CG0002

卖方：上海飞科电器有限公司

买方：北京嘉益达电器有限公司

为保护买卖双方的合法权益，买卖双方根据《中华人民共和国民法典》的有关规定，经友好协商，一致同意签订本合同并共同遵守。

一、货物的名称、数量及金额

货物名称	规格型号	计量单位	数量	单价(不含税)	金额(不含税)	税率	税 额
复古胶囊咖啡机	半自动	台	500	2,340.00	1,170,000.00	13%	152,100.00
雀巢F11胶囊咖啡机	全自动	台	500	1,688.00	844,000.00	13%	109,720.00
Toffy电烤箱		台	300	429.00	128,700.00	13%	16,731.00
柏翠电烤箱		台	300	1,398.00	419,400.00	13%	54,522.00
合计			1,600		￥2,562,100.00		￥333,073.00

二、合同总金额：人民币贰佰捌拾玖万伍仟壹佰柒拾叁元整

(￥2,895,173.00)

三、交货日期及结算方式：

1.交货日期：2022年5月4日

2. 结算方式：收货一个月内以电汇方式付清货款。信用条件：4/10,2/20,*n*/30(价税合计)

四、交货地点：北京嘉益达电器有限公司。

五、发运方式与运输费用承担方式：由卖方发货，运输费用由买方承担。

卖　　方：上海飞科电器有限公司　　　　买　　方：北京嘉益达电器有限公司

授权代表：陈益明　　　　授权代表：杨杰

日　　期：2022年5月4日　　　　日　　期：2022年5月4日

（上海飞科电器有限公司 合同专用章）（北京嘉益达电器有限公司 合同专用章）

图 4-2-1　购销合同

上海增值税专用发票

1100171161　　发票联　　NO 17914201

开票日期：2022年05月04日

购货单位	
名　　称	北京嘉益达电器有限公司
纳税人识别号	235020971DK0011
地 址、电 话	北京市朝阳区桥北路105号　010-53714456
开户行及账号	中国工商银行北京朝阳支行　62248354910225229
密码区	略

货物或应税劳务、服务名称	规格型号	单位	数量	单价	金额	税率	税额
复古胶囊咖啡机	半自动	台	500	2,340.00	1,170,000.00	13%	152,100.00
雀巢F11胶囊咖啡机	全自动	台	500	1,688.00	844,000.00	13%	109,720.00
Toffy电烤箱		台	300	429.00	128,700.00	13%	16,731.00
柏翠电烤箱		台	300	1,398.00	419,400.00	13%	54,522.00
合　计					￥2,562,100.00		￥333,073.00
价税合计(大写)	贰佰捌拾玖万伍仟壹佰柒拾叁元整				(小写) ￥2,895,173.00		

销货单位	
名　　称	上海飞科电器有限公司
纳税人识别号	7949181865160651
地 址、电 话	上海市黄浦区胜利北路7号　021-66874321
开户行及账号	中国银行黄浦区胜利北路支行　6227945915646510
备注	（上海飞科电器有限公司 7949181865160651 发票专用章）

第三联：记账联　销货方记账凭证

收款人(略)　　复核(略)　　开票人：(略)　　销货单位：(章)

图 4-2-2　采购专用发票

2022年5月5日,支付上海飞科电器有限公司货款。原始单据可参见图4-2-3。

工商银行 电汇凭证(回单)

NO 63790301

委托日期:2022 年 5 月 5 日

收款人	上海飞科电器有限公司		汇款人	北京嘉益达电器有限公司								
账号或住址	7949181865160651		账号或住址	622483549102252229								
兑付地点	上海市黄浦区	兑付行	中国银行黄浦区胜利北路支行	汇款用途	商品货款							
汇款金额	人民币(大写)	贰佰柒拾玖万贰仟陆佰捌拾玖元整			千	百	十	万	千	百	十	元	角	分
					¥		2	7	9	2	6	8	9	0	0

收款人:(略)　　　　　复核:(略)　　　　　开票人:(略)

中国工商银行北京朝阳支行 2022.5.5 转讫

图 4-2-3　电汇凭证

任务解析

1. 背景知识

现金折扣(又称销售折扣),是指企业为了鼓励客户偿还货款而允诺在一定期限内给予的规定的折扣优待。在用友U8+中称为付款条件,通常可表示为4/10,2/20,n/30,意思是客户在10天内支付货款,可得到4%的折扣,即只付原价的96%的货款,处理流程如图4-2-4所示;在20天内支付货款,可得到2%的折扣,即只付原价的98%的货款;在30天内偿还货款,则需按照全额支付货款;在30天以后支付货款,则不仅要按全额支付货款,还要支付延期付款利息或违约金。

现金折扣发生在销货之后,是一种融资性质的理财费用,因此现金折扣不得从销售额中减除。由于现金折扣直接影响企业的现金流量,所以必须在会计中反映。我国的新企业会计准则要求采用总价法入账,即在销售商品时以发票价格同时记录应收账款和销售收入,不考虑现金折扣。例如,若购货企业享受现金折扣,则在"财务费用"账户中反映。

现金折扣采购业务流程如图4-2-4所示。

2. 岗位说明

采购G01完成采购管理系统的相关操作。
仓管C01完成库存管理系统的相关操作。
出纳W03完成应付款系统的相关操作。
会计W02完成存货核算和应付款系统的相关操作。

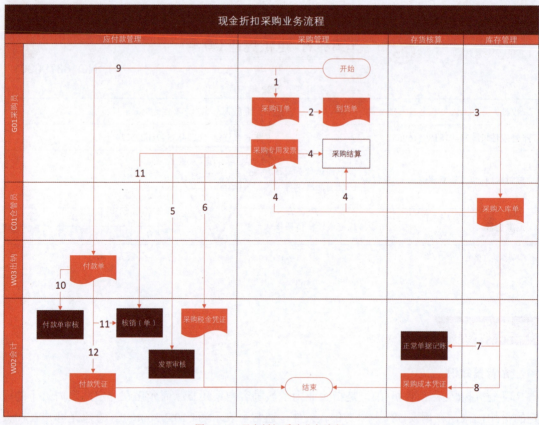

图 4-2-4 现金折扣采购业务流程

实训指引

1. G01 采购订货

① 角色登录：以"采购G01，操作日期2022年5月4日"登录企业应用平台。

② 路径指引：依次展开"业务导航/供应链/采购管理/采购订货/采购订单"菜单项。

③ 打开生单窗口：双击"采购订单"菜单项，打开"采购订单"窗口。

④ 编辑：单击工具栏中的"增加"按钮，设置如下信息。

- 表头部分："订单编号"为"CG0002"，"采购类型"为"普通采购"，"供应商"为"上海飞科"，"部门"为"采购部"，"业务员"为"杨杰"，付款条件为"4/10,2/20,n/30"，其他项默认。

- 表体信息：第1行"存货"为"0002/复古胶囊咖啡机半自动雀巢"，"数量"为"500"，原币单价为"2,340.00"；第2行"存货"为"0003/雀巢F11胶囊咖啡机全自动"，"数量"为"500"，"原币单价"为"1,688.00"，其他项默认；第3行"存货"为"0005/Toffy电烤箱"，"数量"为"300"，"原币单价"为"429.00"；第4行"存货"为"0006/柏翠电烤箱"，"数量"为"300"，"原币单价"为"1,398.00"，其他项默认。

⑤ 保存、审核：依次单击工具栏中的"保存"及"审核"按钮，完成采购订单任务，结果如图4-2-5所示。

⑥ 退出：单击窗口中的"关闭"按钮，退出任务。

图 4-2-5　采购订单

2. G01 采购到货

① 路径指引：依次展开"业务导航/供应链/采购管理/采购到货/到货单"菜单项。

② 打开生单窗口：双击"到货单"菜单项，单击工具栏中的"增加"按钮，打开"到货单"窗口，单击工具栏中的"参照/采购订单"命令，打开"查询条件—单据列表过滤"对话框，单击"确定"按钮，打开"拷贝并执行"窗口。

③ 增加：选中本业务采购订单，单击工具栏中的"确定"按钮，增加一张"到货单"。

④ 保存、审核：依次单击工具栏中的"保存"及"审核"按钮，完成采购到货任务，结果如图4-2-6所示。

⑤ 退出：单击窗口中的"关闭"按钮，退出任务。

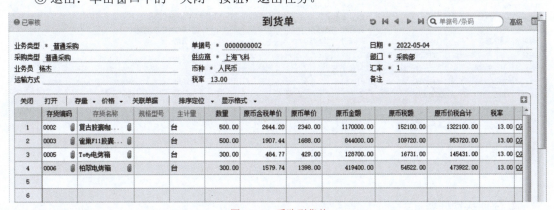

图 4-2-6　采购到货单

3. C01 采购入库

① 角色登录：以"仓管C01，操作日期2022年5月4日"登录企业应用平台。

② 路径指引：依次展开"业务导航/供应链/库存管理/采购入库/采购入库单"菜单项。

③ 打开生单窗口：双击"采购入库单"菜单项，打开"采购入库单"窗口。单击工具栏中的"参照/采购到货单"命令，打开"查询条件—采购到货单列表"对话框，单击"确定"按钮，打开"到货单生单列表"窗口。

④ 编辑"01咖啡机仓库"：选中本业务的采购到货单，只保留"01咖啡机仓库"所属的存货行，单击工具栏中的"确定"按钮，增加一张"采购入库单"，在表体部分设置"仓库"为"01咖啡机仓库"，其他项默认。

⑤ 保存、审核：依次单击工具栏中的"保存"及"审核"按钮，完成采购入库任务。

⑥ 编辑其他仓库入库单：重复上一步骤，完成其他仓库的采购入库任务，结果如图4-2-7和图4-2-8所示。

⑦ 退出：单击窗口中的"关闭"按钮，退出任务。

图 4-2-7　采购入库单（咖啡机仓库）

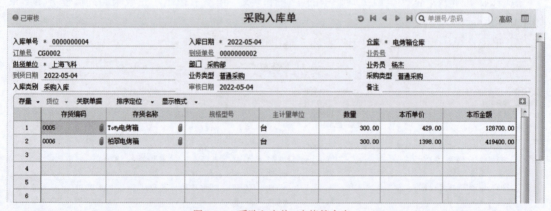

图 4-2-8　采购入库单（电烤箱仓库）

4. G01 采购开票

① 角色登录：以"采购G01，操作日期2022年5月4日"登录企业应用平台。

② 路径指引：依次展开"业务导航/供应链/采购管理/采购发票/专用采购发票"菜单项。

③ 打开生单窗口：双击"专用采购发票"菜单项，打开"专用发票"窗口。单击工具栏中的"增加"按钮，再单击工具栏中的"参照/入库单"命令，打开"查询条件—单据列表过滤"对话框，单击"确定"按钮，打开"拷贝并执行"窗口。

④ 编辑：选中本业务采购入库单，单击工具栏中的“确定”按钮，增加一张采购发票，在表头部分设置“发票号”为“17914201”，其他项默认。

⑤ 保存：依次单击工具栏中的“保存”“复核”按钮，完成编辑。

⑥ 结算：单击工具栏中的“结算”按钮，此时窗口左上方出现“已结算”字样，结果如图4-2-9所示。

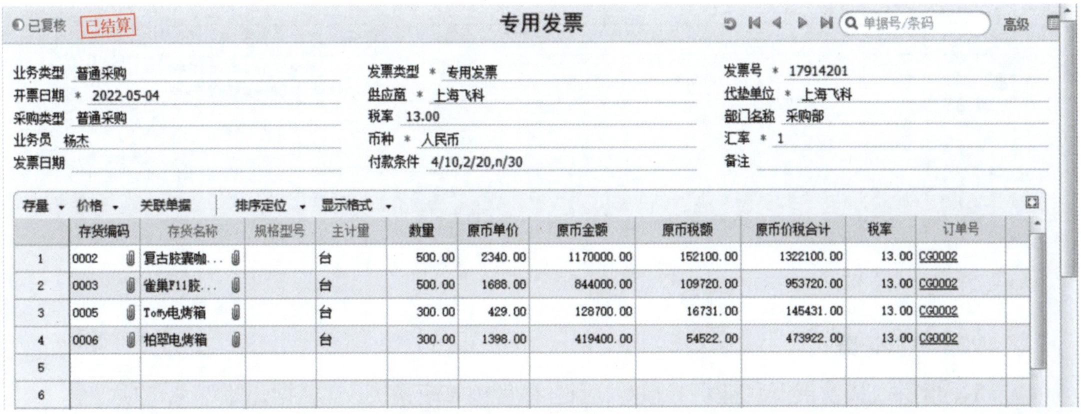

	存货编码	存货名称	规格型号	主计量	数量	原币单价	原币金额	原币税额	原币价税合计	税率	订单号
1	0002	复古胶囊咖...		台	500.00	2340.00	1170000.00	152100.00	1322100.00	13.00	CG0002
2	0003	雀巢F11胶...		台	500.00	1688.00	844000.00	109720.00	953720.00	13.00	CG0002
3	0005	Toffy电烤箱		台	300.00	429.00	128700.00	16731.00	145431.00	13.00	CG0002
4	0006	柏翠电烤箱		台	300.00	1398.00	419400.00	54522.00	473922.00	13.00	CG0002
5											
6											

图 4-2-9　开具采购专用发票

⑦ 退出：单击窗口中的“关闭”按钮，退出任务。

5. W02 发票审核

① 角色登录：以“会计W02，操作日期2022年5月4日”登录企业应用平台。

② 路径指引：依次展开“业务导航/财务会计/应付款管理/应付处理/采购发票/采购发票审核”菜单项。

③ 打开审核窗口：双击“采购发票审核”菜单项，弹出“采购发票列表”对话框，单击“查询”按钮，打开“查询条件—发票查询”对话框，单击“确定”按钮。

④ 审核：选中本业务的采购发票，单击工具栏中的“审核”按钮，弹出审核成功信息提示框，完成发票审核任务。

⑤ 退出：单击窗口中的“关闭”按钮，退出任务窗口。

6. W02 归集采购税金凭证

① 路径指引：依次展开“业务导航/财务会计/应付款管理/凭证处理/生成凭证”菜单项。

② 打开制单窗口。双击“生成凭证”菜单项，打开“发票列表”窗口，单击“确定”按钮。

③ 制单：选中本业务采购发票，单击工具栏中的“制单”按钮，生成凭证信息(借记：在途物资、应交税费/应交增值税/进项税额，贷记：应付账款/一般应付账款)。

④ 保存凭证：单击工具栏中的“保存”按钮，完成采购税金凭证任务，结果如图4-2-10所示。

⑤ 退出：单击窗口中的“关闭”按钮，退出任务。

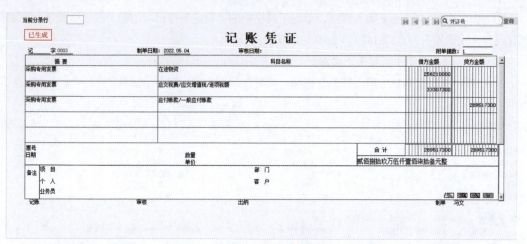

图 4-2-10　采购专用发票凭证

7. W02 单据记账

① 路径指引：依次展开"业务导航/供应链/存货核算/记账/正常单据记账"菜单项。

② 打开记账窗口：双击"正常单据记账"菜单项，打开"未记账单据一览表"窗口，单击"查询"按钮，弹出"查询条件"对话框，单击"确定"按钮，打开"正常单据记账列表"窗口。

③ 记账：选中本业务采购入库单，单击工具栏中的"记账"按钮，弹出记账成功信息提示框，单击"确定"按钮，完成记账任务。

④ 退出：单击窗口中的"关闭"按钮，退出任务。

8. W02 归集采购成本凭证

① 路径指引：依次展开"业务导航/供应链/存货核算/凭证处理/生成凭证"菜单项。

② 打开制单窗口：双击"生成凭证"菜单项，单击工具栏中的"选单"按钮，弹出"查询条件—生成凭证查询条件"对话框，单击"确定"按钮，打开"选择单据"窗口。

③ 制单：选中本业务采购入库单，单击工具栏中的"确定"按钮，单击"合并制单"按钮，生成凭证信息(借记：库存商品，贷记：在途物资)。

④ 保存：单击工具栏中的"保存"按钮，保存该凭证，结果如图4-2-11所示。

⑤ 退出：单击窗口中的"关闭"按钮，退出任务。

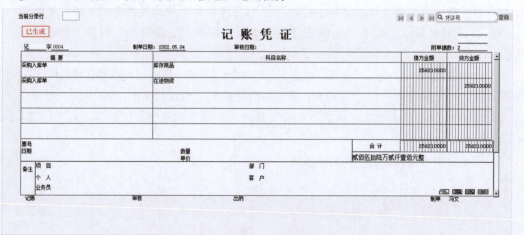

图 4-2-11　采购入库单凭证

9. W03 支付货款

① 角色登录：以"出纳W03，操作日期2022年5月5日"登录企业应用平台。

② 路径指引：依次展开"业务导航/财务会计/应付款管理/付款处理/付款单据录入"菜单项。

③ 打开生单窗口：双击"付款单据录入"菜单项，打开"付款单"窗口。

④ 编辑：单击工具栏中的"增加"按钮，增加一张付款单。在表头部分设置"供应商"为"上海飞科"，"结算方式"为"电汇"，"金额"为"2,792,689.00"，"票据号"为"63790301"，其他项默认。

⑤ 保存：单击工具栏中的"保存"按钮，结果如图4-2-12所示。

⑥ 退出：单击窗口中的"关闭"按钮，退出任务。

图 4-2-12 付款单

10. W02 付款单审核

① 角色登录：以"会计W02，操作日期2022年5月5日"登录企业应用平台。

② 路径指引：依次展开"财务会计/应付款管理/付款处理/付款单据审核"菜单项。

③ 打开审核窗口：双击"付款单据审核"菜单项，单击"查询"按钮，弹出"查询条件—收付款单过滤"对话框，单击"确定"按钮，打开"收付款单列表"窗口。

④ 审核：选中本业务付款单，单击工具栏中的"审核"按钮，弹出审核成功信息提示框，完成付款单审核任务。

⑤ 退出：单击窗口中的"关闭"按钮，退出任务窗口。

11. W02 往来核销

① 角色登录：以"会计W02，操作日期2022年5月5日"登录企业应用平台。

② 路径指引：依次展开"业务导航/财务会计/应付款管理/核销处理/手工核销"菜单项。

③ 打开核销窗口：双击"手工核销"菜单项，打开"核销条件"窗口。录入"供应商"为"上海飞科"，单击"确定"按钮，打开"单据核销"窗口。

④ 核销：在采购专用发票部分，设置"本次结算"为"2,792,689.00"。

⑤ 保存：单击工具栏中的"保存"按钮，完成往来核销任务，结果如图4-2-13所示。

⑥ 退出：单击窗口中的"关闭"按钮，退出任务。

图 4-2-13　往来核销

12. W02 归集采购成本凭证

① 路径指引：依次展开"业务导航/财务会计/应付款管理/凭证处理/生成凭证"菜单项。

② 打开制单窗口：双击"生成凭证"菜单项，打开"制单查询"窗口。取消选中"发票制单"选项，选中"收付款单"及"核销"选项，单击"确定"按钮，打开"制单"窗口。

③ 制单：选中本业务"付款单"及"核销单"，依次单击工具栏中的"合并"及"制单"按钮，生成一张付款凭证。补充科目为"财务费用"，调整方向为"借方"，生成凭证信息(借记：应付账款/一般应付账款，借记：财务费用(红字)，贷记：银行存款/工行存款)。

④ 保存：单击工具栏中的"保存"按钮，保存该凭证，结果如图4-2-14所示。

⑤ 退出：单击窗口中的"关闭"按钮，退出任务。

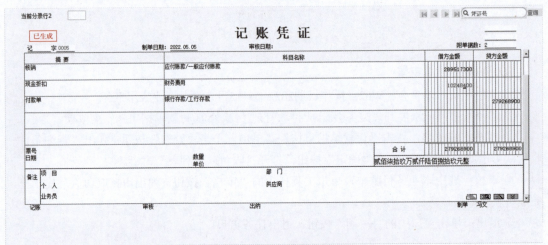

图 4-2-14　付款凭证

实训三　单到回冲的采购业务

实训任务

2022年5月5日，收到银行出账通知，收到宁波嘉乐专用发票一张，系上月商品已到发票未到的业务。原始单据可参见图4-3-1和图4-3-2。

项目四 采购管理

浙江增值税专用发票 NO 63799701

开票日期：2022年05月05日

购货单位	名　　称：北京嘉益达电器有限公司 纳税人识别号：235020971DK0011 地　址、电　话：北京市朝阳区桥北路105号　010-53714456 开户行及账号：中国工商银行北京朝阳支行　62248354910225229	密码区	略

货物或应税劳务、服务名称	规格型号	单位	数量	单价	金额	税率	税额
雀巢F11胶囊咖啡机	全自动	台	150	1,688.00	253,200.00	13%	32,916.00
合　计					￥253,200.00		￥32,916.00

价税合计（大写）	贰拾捌万陆仟壹佰壹拾陆元整	（小写）￥286,116.00

销货单位	名　　称：宁波嘉乐有限公司 纳税人识别号：1406037892564478 地　址、电　话：宁波市余姚市龙华天目西路21号　0574-87875766 开户行及账号：中国银行余姚龙华路支行　6227798454564445	备注	（宁波嘉乐有限公司发票专用章）

收款人：(略)　　复核：(略)　　开票人：(略)　　销货单位：(章)

第三联：记账联 销货方记账凭证

图4-3-1　采购专用发票

工商银行 电汇凭证（回单）

NO 63790401

委托日期：2022年5月5日

收款人	宁波嘉乐有限公司		汇款人	北京嘉益达电器有限公司								
账号或住址	6227798454564445		账号或住址	62248354910225229								
兑付地点	宁波余姚市	兑付行	中国银行余姚龙华支行	汇款用途	商品货款							
汇款金额	人民币 （大写）	贰拾捌万陆仟壹佰壹拾陆元整				千	百	十	万	千	百	十	元	角	分
					￥			2	8	6	1	1	6	0	0

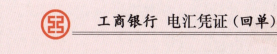

收款人：(略)　　复核：(略)　　开票人：(略)

图4-3-2　电汇凭证

任务解析

1. 背景知识

暂估入库是指本月存货已经入库，但采购发票尚未收到，不能确定存货的入库成本。月底为了正确核算企业的库存成本，需要将这部分存货暂估入账，形成暂估凭证。对暂估入库业务，系统提供了以下3种不同的处理方法。

(1) 月初回冲

进入下月后，存货核算系统自动生成与暂估入库单完全相同的"红字回冲单"，同时登录相应的存货明细账,冲回存货明细账中上月的暂估入库。对"红字回冲单"制单,冲回上月的暂估凭证。

收到采购发票后,录入采购发票,对采购入库单和采购发票做采购结算。结算完毕后,进入存货核算系统,执行"暂估处理"功能。进行暂估处理后,系统根据发票自动生成一张"蓝字回冲单",其上的金额为发票上的报销金额。同时登记存货明细账,使库存增加。对"蓝字回冲单"制单,生成采购入库凭证。

(2) 单到回冲

下月初不做处理,收到采购发票后,先在采购管理中录入并进行采购结算,再到存货核算中进行"暂估处理",系统自动生成"红字回冲单""蓝字回冲单",同时据以登记存货明细账。"红字回冲单"的入库金额为上月暂估金额,"蓝字回冲单"的入库金额为发票上的报销金额。在"存货核算/生成凭证"中,选择"红字回冲单"及"蓝字回冲单"制单,生成凭证,传递到总账。

本企业采用单到回冲方式处理暂估业务,单到回冲业务流程如图4-3-3所示。

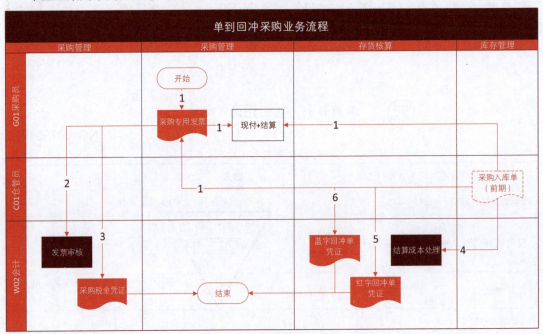

图 4-3-3　单到回冲业务流程

(3) 单到补差

下月初不做处理,收到采购发票后,先在采购管理中录入并进行采购结算,再到存货核算中进行"暂估处理"。如果报销金额与暂估金额的差额不为零,则产生调整单,一张采购入库单生成一张调整单,用户确定后,自动记入存货明细账;如果差额为零,则不生成调整单。最后对"调整单"制单,生成凭证,传递到总账。

对于暂估业务要注意的是,在月末暂估入库单记账前,要对所有没有结算的入库单填入暂估单价,然后才能记账。

2. 岗位说明

采购G01完成采购管理系统相关操作。

会计W02完成存货核算和应付款系统相关操作。

实训指引

1. G01 采购开票

① 角色登录：以"采购G01，操作日期2022年5月5日"登录企业应用平台。

② 路径指引：依次展开"业务导航/供应链/采购管理/采购发票/专用采购发票"菜单项。

③ 打开生单窗口：双击"专用采购发票"菜单项，打开"专用发票"窗口。单击工具栏中的"增加"按钮，再单击工具栏中的"参照/入库单"命令，打开"查询条件—单据列表过滤"对话框，单击"确定"按钮，打开"拷贝并执行"窗口。

④ 编辑：选中本业务的采购入库单，单击工具栏中的"确定"按钮，增加一张"采购发票"，编辑如下信息。

- 表头部分：设置"发票号"为"63799701"，其他项默认。
- 表体部分：设置"原币单价"为"1,688.00"，其他项默认。

⑤ 保存：依次单击工具栏中的"保存""复核"按钮，完成编辑。

⑥ 现付：单击工具栏中的"现付"按钮，打开"采购现付"对话框，编辑"结算方式"为"电汇"，"原币金额"为"286,116.00"，"票据号"为"63790401"，单击"确定"按钮，此时窗口左上方出现"现付"字样。

⑦ 结算：单击工具栏中的"结算"按钮，此时窗口左上方出现"已结算"字样，结果如图4-3-4所示。

⑧ 退出：单击窗口中的"关闭"按钮，退出任务。

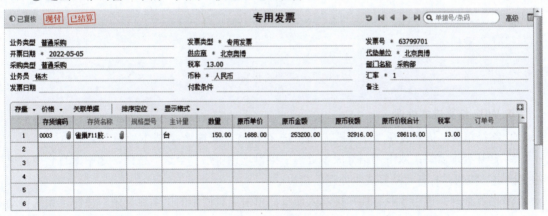

图 4-3-4　开具采购专用发票

2. W02 发票审核

① 角色登录：以"会计W02，操作日期2022年5月5日"登录企业应用平台。

② 路径指引：依次展开"业务导航/财务会计/应付款管理/应付处理/采购发票/采购发票审核"菜单项。

③ 打开审核窗口：双击"采购发票审核"菜单项，单击"查询"按钮，弹出"查询条件—发票查询"窗口，打开"采购发票列表"窗口。

④ 审核：选中本业务采购发票，单击工具栏中的"审核"按钮，弹出审核成功信息提示框，完成发票审核任务。

⑤ 退出：单击窗口中的"关闭"按钮，退出任务窗口。

3. W02 归集采购税金凭证

① 路径指引：依次展开"业务导航/财务会计/应付款管理/凭证处理/生成凭证"菜单项。

② 打开制单窗口：双击"生成凭证"菜单项，打开"制单查询"窗口，选中"现结"选项，单击"确定"按钮，打开"制单"窗口。

③ 制单：选中本业务采购发票，单击工具栏中的"制单"按钮，生成凭证信息(借记：在途物资、应交税费/应交增值税/进项税额，贷记：银行存款/工行存款)。

④ 保存凭证：单击工具栏中的"保存"按钮，完成采购税金凭证任务，结果如图4-3-5所示。

⑤ 退出：单击窗口中的"关闭"按钮，退出任务。

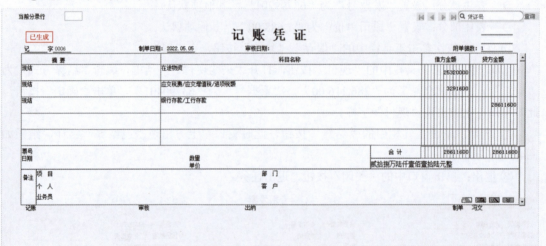

图 4-3-5 采购专用发票凭证

4. W02 结算成本处理

① 路径指引：依次展开"业务导航/供应链/存货核算/记账/结算成本处理"菜单项。

② 打开处理窗口：双击"结算成本处理"菜单项，单击"全选"按钮，选中所有仓库，单击"确定"按钮，打开"结算成本处理"窗口。

③ 结算处理：选中本业务期初采购入库单，单击工具栏中的"结算处理"按钮，系统自动完成结算处理并给出完成信息提示框，单击"确定"按钮，完成结算任务。

④ 退出：单击窗口中的"关闭"按钮，退出任务。

> ❖ **特别提醒：**
>
> ◇ 存货系统自动生成红字回冲单和蓝字报销单，并直接记入存货明细账，用户不能修改，但可以通过单击"供应链/存货核算/日常业务/单据列表/红字回冲单列表"菜单项，打开"红字回冲单列表"窗口并查阅红字回冲单。同理，也可以查阅蓝字报销单。

5. W02 归集红字回冲单凭证

① 路径指引：依次展开"业务导航/供应链/存货核算/凭证处理/生成凭证"菜单项。

② 打开制单窗口：双击"生成凭证"菜单项，单击工具栏中的"选单"按钮，弹出"查询条件—生成凭证查询条件"对话框，选中"红字回冲单"选项，单击"确定"按钮，打开"选择单据"窗口。

③ 制单：选中本业务红字回冲单，单击工具栏中的"确定"按钮，再单击"合并制单"按钮，生成凭证信息(借记：库存商品，贷记：应付账款/暂估应付款)。

④ 保存：单击工具栏中的"保存"按钮，保存该凭证，结果如图4-3-6所示。

⑤ 退出：单击窗口中的"关闭"按钮，退出任务。

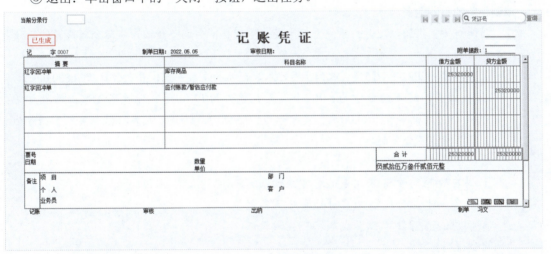

图 4-3-6　红字回冲单

6. W02 归集蓝字回冲单凭证

① 路径指引：依次展开"业务导航/供应链/存货核算/凭证处理/生成凭证"菜单项。

② 打开制单窗口：双击"生成凭证"菜单项，单击工具栏中的"选单"按钮，弹出"查询条件—生成凭证查询条件"对话框，选中"蓝字回冲单"选项，单击"确定"按钮，打开"选择单据"窗口。

③ 制单：选中本业务蓝字回冲单，单击工具栏中的"确定"按钮，再单击"合并制单"按钮，生成凭证信息(借记：库存商品，贷记：在途物资)。

④ 保存：单击工具栏中的"保存"按钮，保存该凭证，结果如图4-3-7所示。

⑤ 退出：单击窗口中的"关闭"按钮，退出任务。

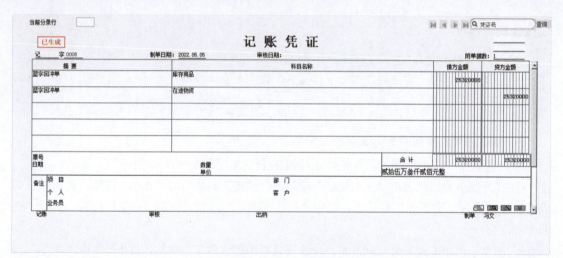

图 4-3-7　蓝字回冲单

> ❖ **特别提醒：**
>
> **单到补差的采购业务**
>
> ◇ 功能概要：报销处理时，系统自动生成一笔调整单，调整金额为实际金额与暂估金额的差额。
>
> ◇ 业务描述：2022年5月5日，收到上月已入库商品的发票一张，并支付货款92,800.00元。(注：上月入库单的数量为1,000个，无税单价为79.00元，现收到发票上的数量为1,000个，无税单价为80.00元；发票号为17531613，结算方式为转账支票，票据号为12568767；不合并制单)
>
> ◇ 路径指引：
> ① 供应链/采购管理(采购专用发票/采购结算)
> ② 财务会计/应付款管理(应付款单据审核/制单)
> ③ 供应链/存货核算(结算成本处理/生成凭证)
>
> ◇ 岗位说明：
> 采购G01完成采购管理系统的相关操作。
> 会计W02完成存货核算和应付款管理系统的相关操作。

实训四　采购运费处理

实训任务

2022年5月6日，收到与广东新宝电器有限公司采购商品的运费单据(运费发票使用采购专用发票功能录入，按数量进行分摊)。原始单据可参见图4-4-1。

图 4-4-1 采购运费专用发票

任务解析

1. 背景知识

(1) U8+中的采购发票

U8+中的采购发票按业务性质分为蓝字发票和红字发票;按发票类型分为增值税专用发票、普通发票和运费发票。

① 增值税专用发票。增值税专用发票扣税类别默认为应税外加,不可修改。

② 普通发票。普通发票包括普通发票、废旧物资收购凭证、农副产品收购凭证、其他收据,其扣税类别默认为应税内含,不可修改。普通发票的默认税率为0,可修改。

③ 运费发票。运费主要是指向供货单位或提供劳务单位支付的代垫款项、运输装卸费、手续费、违约金(延期付款利息)、包装费、包装物租金、储备费、进口关税等。

如今,交通运输业已经全面实行"营改增",其一般纳税人增值税税率为9%,在U8+系统中将9%运费建立存货档案,用采购专用发票处理运费即可。

(2) 采购运费结算

如果货物到达时,运费发票与采购专用发票同时到达,那么可以在采购结算中利用手工结算的方式将两张发票与一张入库单结算,采购运费直接计入材料成本。

如果采购专用发票与采购入库单前期已结算过,之后又收到了相关的运费发票,那么需要通过"费用折扣结算"将采购运费分摊至入库成本。采购运费单独结算的业务流程如图4-4-2所示。

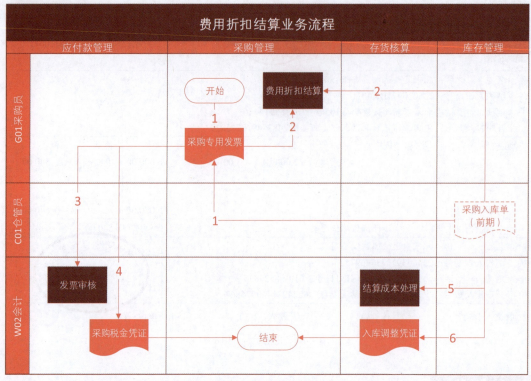

图 4-4-2　采购运费单独结算的业务流程

2. 岗位说明

采购G01完成采购管理系统的相关操作。

仓管C01完成库存管理系统的相关操作。

会计W02完成存货核算和应付款系统的相关操作。

实训指引

1. G01 采购开票

① 角色登录：以采购G01，操作日期2022年5月6日登录企业应用平台。

② 路径指引：依次展开"业务导航/供应链/采购管理/采购发票/专用采购发票"菜单项。

③ 打开生单窗口：双击"专用采购发票"菜单项，打开"专用发票"窗口。单击工具栏中的"增加"按钮，增加一张采购专用发票。

④ 编辑：编辑如下信息。

- 表头部分：设置"发票号"为"45678931"，"供应商"为"中通快递"，"代垫单位"为"中通快递"，"采购类型"为"普通采购"，"税率"为"9%"，"部门名称"为"采购部"，"业务员"为"杨杰"，其他项默认。

- 表体部分：设置"存货编码"为"0010/运输费"，"数量"为"2,000"，原币单价为"3.00"，其他项默认。

⑤ 保存：依次单击工具栏中的"保存""复核"按钮，结果如图4-4-3所示。

⑥ 退出：单击窗口中的"关闭"按钮，退出任务。

图 4-4-3　开具采购运费专用发票

2. G01 费用折扣结算

① 路径指引：依次展开"业务导航/供应链/采购管理/采购结算"菜单项。

② 打开结算窗口：双击"费用折扣结算"菜单项，打开"费用折扣结算"窗口；单击工具栏中的"查询"按钮，打开"结算选发票列表"对话框。

③ 选择单据：单击工具栏中的"入库单查询"按钮，打开"入库单选择"窗口，选择本业务采购入库单，单击"确定"按钮；单击工具栏中的"发票查询"按钮，打开"发票选择"窗口。选择本业务采购专用发票，单击"确定"按钮。选择费用分摊方式为"按数量"。结果如图4-4-4所示。

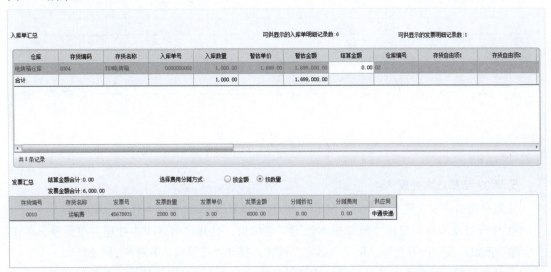

图 4-4-4　费用折扣结算

④ 结算：依次单击工具栏中的"分摊"及"结算"按钮，结算完毕。

⑤ 退出：单击窗口中的"关闭"按钮，退出任务。

3. W02 发票审核

① 角色登录：以"会计W02，操作日期2022年5月6日"登录企业应用平台。

② 路径指引：依次展开"业务导航/财务会计/应付款管理/应付处理/采购发票/采购发票审核"菜单项。

③打开审核窗口：双击"采购发票审核"菜单项，单击"查询"按钮，弹出"查询条件—发票查询"对话框，单击"确定"按钮，打开"采购发票列表"窗口。

④审核：选中本业务采购发票，单击工具栏中的"审核"按钮，弹出审核成功信息提示框，完成发票审核任务。

⑤退出：单击窗口中的"关闭"按钮，退出任务窗口。

4. W02 归集采购税金凭证

①路径指引：依次展开"业务导航/财务会计/应付款管理/凭证处理/生成凭证"菜单项。

②打开制单窗口：双击"生成凭证"菜单项，打开"制单查询"窗口，选中"发票"选项，单击"确定"按钮，打开"制单"窗口。

③制单：选中本业务采购发票，单击工具栏中的"制单"按钮，生成凭证信息(借记：在途物资、应交税费/应交增值税/进项税额，贷记：应付账款/一般应付账款)。

④保存凭证：单击工具栏中的"保存"按钮，完成采购税金凭证任务，结果如图4-4-5所示。

⑤退出：单击窗口中的"关闭"按钮，退出任务。

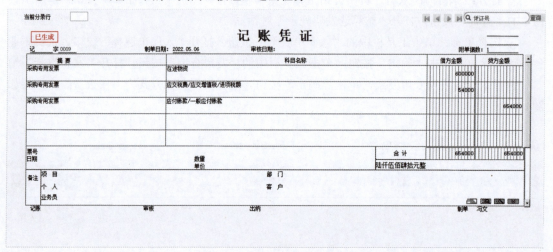

图4-4-5　采购运费专用发票凭证

5. W02 结算成本处理

①路径指引：依次展开"业务导航/供应链/存货核算/记账/结算成本处理"菜单项。

②打开处理窗口：双击"结算成本处理"菜单项，打开"结算成本处理"对话框，单击"全选"按钮，选中所有仓库，单击"确定"按钮，打开"结算成本处理列表"窗口。

③结算处理：选中本业务结算单，单击工具栏中的"结算处理"按钮，系统自动完成暂估处理并给出信息提示框，单击"确定"按钮，完成结算任务。

④退出：单击窗口中的"关闭"按钮，退出任务。

6. W02 归集入库调整凭证

①路径指引：依次展开"业务导航/供应链/存货核算/凭证处理/生成凭证"菜单项。

②打开制单窗口：双击"生成凭证"菜单项，单击工具栏中的"选单"按钮，弹出"查询条件—生成凭证查询条件"对话框，单击"确定"按钮，打开"选择单据"窗口。

③ 制单：选中本业务入库调整单，单击工具栏中的"确定"按钮，单击"合并制单"按钮，生成凭证信息(借记：库存商品，贷记：在途物资)。

④ 保存：单击工具栏中的"保存"按钮，保存该凭证，结果如图4-4-6所示。

⑤ 退出：单击窗口中的"关闭"按钮，退出任务。

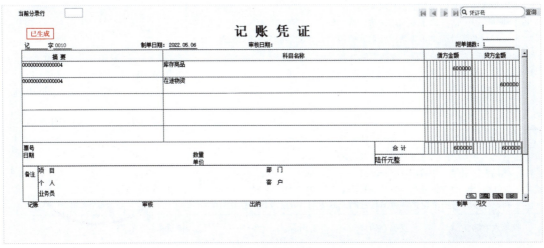

图 4-4-6　入库调整凭证

实训五　采购退货业务

实训任务

2022年5月10日，与上海飞科电器有限公司签订退货协议，收到对方开具的红字增值税发票。原始单据可参见图4-5-1和图4-5-2。

图 4-5-1　问题处理协议书

113

图 4-5-2 红字采购专用发票

任务解析

1. 背景知识

由于材料质量不合格、企业转产等原因，可能会发生退货业务。根据退货业务发生的不同时点，U8+中采用的处理方法也不同。

① 结算前全额退货，即已录入采购入库单，但未进行采购结算，并且全额退货。其业务流程为：首先填制一张全额数量的红字采购入库单，然后把红字采购入库单与原入库单进行结算，冲抵原入库数据。

② 结算前部分退货，即已录入采购入库单，但未进行采购结算，并且部分退货。其业务流程为：首先填制一张部分数量的红字采购入库单，然后填制一张对应的采购发票，其中发票上的数量＝原入库单数量－红字入库单数量。再把红字入库单与原入库单、采购发票进行结算，冲抵原入库数据。

③ 结算后退货，即已录入采购入库单、采购发票，并且已进行了采购结算，现在需要全额或部分退货。其业务流程为：首先填制一张红字采购入库单，再填制一张相应的红字发票，然后把红字采购入库单与红字发票进行结算。本例即为结算后退货，业务流程如图4-5-3所示。

2. 岗位说明

采购G01完成采购管理系统的相关操作。
仓管C01完成库存管理系统的相关操作。
会计W02完成存货核算和应付款系统的相关操作。

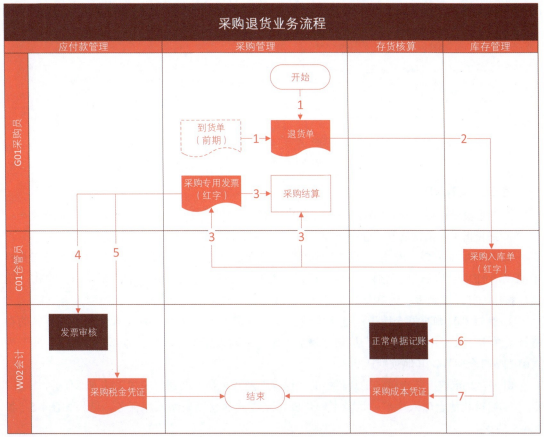

图 4-5-3 采购退货业务流程

实训指引

1. G01 采购退货

① 角色登录：以"采购G01，操作日期2022年5月10日"登录企业应用平台。

② 路径指引：依次展开"业务导航/供应链/采购管理/采购到货/采购退货单"菜单项。

③ 打开生单窗口：双击"采购退货单"菜单项，单击工具栏中的"增加"按钮，打开"采购退货单"窗口，单击工具栏中的"参照/采购到货单"命令，打开"查询条件—单据列表过滤"对话框，单击"确定"按钮，打开"拷贝并执行"窗口。

④ 编辑：选中本业务采购到货单及存货行，单击工具栏中的"确定"按钮，增加一张"采购退货单"。在表头部分设置采购类型为"采购退货"，在表体部分设置"0003"存货数量为"-10"，"0006"存货数量为"-5"，其他项默认。

⑤ 保存、审核：依次单击工具栏中的"保存"及"审核"按钮，完成采购退货任务，结果如图4-5-4所示。

⑥ 退出：单击窗口中的"关闭"按钮，退出任务。

已审核
采购退货单
业务类型 * 普通采购　单据号 * 0000000003　日期 * 2022-05-10
采购类型 采购退货　供应商 * 上海飞科　部门 * 采购部
业务员 杨杰　币种 * 人民币　汇率 * 1
运输方式　税率 13.00　备注

	存货编码	存货名称	规格型号	主计量	数量	原币含税单价	原币单价	原币金额	原币税额	原币价税合计	税率	订单号
1	0003	雀巢F11胶囊...		台	-10.00	1907.44	1688.00	-16880.00	-2194.40	-19074.40	13.00	CG0002
2	0006	柏翠电烤箱		台	-5.00	1579.74	1398.00	-6990.00	-908.70	-7898.70	13.00	CG0002
3												
4												
5												
6												

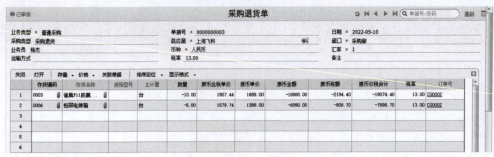

图 4-5-4　采购退货单

2. C01 采购入库

① 角色登录：以“仓管C01，操作日期2022年5月10日”登录企业应用平台。

② 路径指引：依次展开“业务导航/供应链/库存管理/采购入库/采购入库单”菜单项。

③ 打开生单窗口：双击“采购入库单”菜单项，打开“采购入库单”窗口。单击工具栏中的“增加/采购到货单(红字)”命令，打开“查询条件—采购到货单列表”对话框，单击“确定”按钮，打开“到货单生单表头”窗口。

④ 编辑“01咖啡机仓库”：选中本业务采购到货单，只保留“01咖啡机仓库”所属的存货行，单击工具栏中的“确定”按钮，增加一张“采购入库单”，在表体部分设置“仓库”为“01咖啡机仓库”，其他项默认。

⑤ 保存、审核：依次单击工具栏中的“保存”及“审核”按钮，完成采购入库任务。

⑥ 编辑其他仓库入库单：重复上一步骤，完成其他仓库采购入库任务，结果如图4-5-5和图4-5-6所示。

已审核
采购入库单
入库单号 * 0000000007　入库日期 * 2022-05-10　仓库 * 咖啡机仓库
订单号 CG0002　到货单号 0000000003　业务号
供货单位 * 上海飞科　部门 采购部　业务员 杨杰
到货日期 2022-05-10　业务类型 普通采购　采购类型 采购退货
入库类别 采购退货　审核日期 2022-05-10　备注

	存货编码	存货名称	规格型号	主计量单位	数量	本币单价	本币金额
1	0003	雀巢F11胶囊咖啡机...		台	-10.00	1688.00	-16880.00
2							
3							
4							
5							
6							

图 4-5-5　采购入库单（咖啡机仓库）

已审核
采购入库单
入库单号 * 0000000008　入库日期 * 2022-05-10　仓库 * 电烤箱仓库
订单号 CG0002　到货单号 0000000003　业务号
供货单位 * 上海飞科　部门 采购部　业务员 杨杰
到货日期 2022-05-10　业务类型 普通采购　采购类型 采购退货
入库类别 采购退货　审核日期 2022-05-10　备注

	存货编码	存货名称	规格型号	主计量单位	数量	本币单价	本币金额
1	0006	柏翠电烤箱		台	-5.00	1398.00	-6990.00
2							
3							
4							
5							
6							

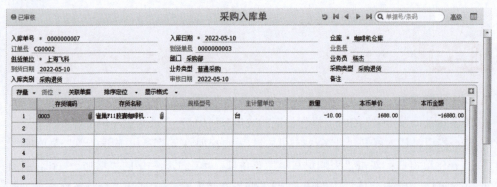

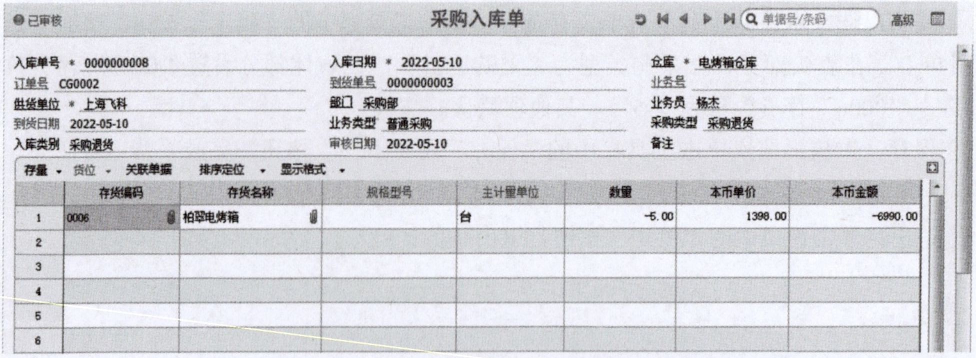

图 4-5-6　采购入库单（电烤箱仓库）

⑦ 退出：单击窗口中的"关闭"按钮，退出任务。

3. G01 采购开票

① 角色登录：以"采购G01，操作日期2022年5月10日"登录企业应用平台。

② 路径指引：依次展开"业务导航/供应链/采购管理/采购发票/红字专用采购发票"菜单项。

③ 打开生单窗口：双击"红字专用采购发票"菜单项，打开"专用发票"窗口。单击工具栏中的"增加"按钮，再单击工具栏中的"参照/入库单"命令，打开"查询条件—单据列表过滤"对话框，单击"确定"按钮，打开"拷贝并执行"窗口。

④ 编辑：选中本业务采购入库单，单击工具栏中的"确定"按钮，增加一张"采购发票"，在表头部分设置"发票号"为"20945855"，其他项为默认设置。

⑤ 保存：依次单击工具栏中的"保存""复核"按钮，完成编辑。

⑥ 结算：单击工具栏中的"结算"按钮，此时窗口左上方出现"已结算"字样，结果如图4-5-7所示。

⑦ 退出：单击窗口中的"关闭"按钮，退出任务。

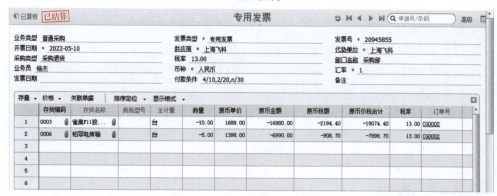

图 4-5-7　开具红字采购专用发票

4. W02 发票审核

① 角色登录：以"会计W02，操作日期2022年5月10日"登录企业应用平台。

② 路径指引：依次展开"业务导航/财务会计/应付款管理/应付处理/采购发票/采购发票审核"菜单项。

③ 打开审核窗口：双击"采购发票审核"菜单项，单击"查询"按钮，弹出"查询条件—发票查询"对话框，单击"确定"按钮，打开"采购发票列表"窗口。

④ 审核：选中本业务采购发票，单击工具栏中的"审核"按钮，弹出审核成功信息提示框，完成发票审核任务。

⑤ 退出：单击窗口中的"关闭"按钮，退出任务窗口。

5. W02 归集采购税金凭证

① 路径指引：依次展开"业务导航/财务会计/应付款管理/凭证处理/生成凭证"菜单项。

② 打开制单窗口：双击"生成凭证"菜单项，打开"制单查询"窗口，选中"发票"选项，单击"确定"按钮，打开"制单"窗口。

③ 制单：选中本业务采购发票，单击工具栏中的"制单"按钮，生成凭证信息(借记：在途物资、应交税费/应交增值税/进项税额，贷记：应付账款/一般应付账款)。

④ 保存凭证：单击工具栏中的"保存"按钮，完成采购税金凭证任务，结果如图4-5-8所示。

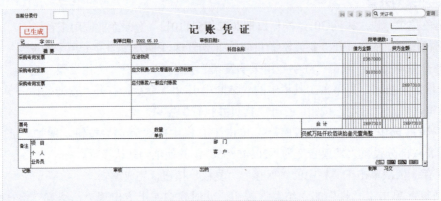

图4-5-8 红字采购专用发票凭证

⑤ 退出：单击窗口中的"关闭"按钮，退出任务。

6. W02 单据记账

① 路径指引：依次展开"业务导航/供应链/存货核算/记账/正常单据记账"菜单项。

② 打开记账窗口：双击"正常单据记账"菜单项，单击"查询"按钮，弹出"查询条件"对话框，单击"确定"按钮，打开"未记账单据一览表"窗口。

③ 记账：选中本业务采购入库单，单击工具栏中的"记账"按钮，弹出记账成功信息提示框，单击"确定"按钮，完成记账任务。

④ 退出：单击窗口中的"关闭"按钮，退出任务。

7. 归集采购成本凭证

① 路径指引：依次展开"业务导航/供应链/存货核算/凭证处理/生成凭证"菜单项。

② 打开制单窗口：双击"生成凭证"菜单项，单击工具栏中的"选单"按钮，弹出"查询条件—生成凭证查询条件"对话框，单击"确定"按钮，打开"选择单据"窗口。

③ 制单：选中本业务采购入库单，单击工具栏中的"确定"按钮，再单击"合并制单"按钮，生成凭证信息(借记：库存商品，贷记：在途物资)。

④ 保存：单击工具栏中的"保存"按钮，保存该凭证，结果如图4-5-9所示。

⑤ 退出：单击窗口中的"关闭"按钮，退出任务。

图4-5-9 红字采购入库单凭证

实训六 视同买断的受托代销业务

实训任务

2022年5月10日,与青岛海尔有限公司签订受托代销协议,原始单据参见图4-6-1。

代 销 合 同

NO:ST00001

卖方:青岛海尔有限公司
买方:北京嘉益达电器有限公司

为保护买卖双方的合法权益,买卖双方根据《中华人民共和国民法典》的有关规定,经友好协商,一致同意签订本合同并共同遵守。

一、货物的名称、数量及金额

货物名称	规格型号	计量单位	数量	单价(不含税)	金额(不含税)	税率	税 额
SMMCK榨汁机		台	500	898.00	449,000.00	13%	58,370.00
摩飞便捷式榨汁机		台	500	219.00	109,500.00	13%	14,235.00
合计			1000		¥558,500.00		¥72,605.00

二、合同总金额:人民币陆拾叁万壹仟壹佰零伍元整(¥631,105.00)
三、交易约定
1. 交货日期:2022年5月22日
2. 交易方式:视同买断方式,即受托方将代销的货物销售后,委托方按合同双方约定的价格收取代销货物的货款,代销货物的实际售价可由受托方自定,收益额归受托方所有。
3. 付款时间:每月31日依照结算清单结算货款。
4. 结算方式:电汇。
5. 交货地点:北京嘉益达电器有限公司。
6. 发运方式与运输费用承担方式:由委托方发货。

卖　　方:青岛海尔有限公司　　　　买　　方:北京嘉益达电器有限公司
授权代表:陈立文　　　　　　　　　授权代表:赫胜
日　　期:2022年5月10日　　　　　日　　期:2022年5月10日

图 4-6-1 代销合同

2022年5月30日,与青岛海尔有限公司结算受托代销货款,当日支付货款。原始单据可参见图4-6-2、图4-6-3和图4-6-4。

商品代销清单

NO：00000112

开票日期：2022年05月10日

委托方	青岛海尔有限公司	受托方	北京嘉益达电器有限公司
账号	6221591591624393	账号	6224830526782 9865
开户银行	招商银行山峡大道支行	开户银行	中国工商银行北京朝阳支行

总代销货物明细	规格型号	计量单位	数量	单价（不含税）	金额	税率	税额
SMMCK榨汁机		台	500	898.00	449,000.00	13%	58,370.00
摩飞便捷式榨汁机		台	500	219.00	109,500.00	13%	14,235.00
价税合计	大写：陆拾叁万壹仟壹佰零伍元整						
代销方式	视同买断						
代销结算时间	根据代销货物销售情况于每月底结算一次货款						
代销结算方式	电汇						

本次结算货物明细	规格型号	计量单位	数量	单价（不含税）	金额	税率	税额
SMMCK榨汁机		台	300	898.00	269,400.00	13%	35,022.00
摩飞便捷式榨汁机		台	300	219.00	65,700.00	13%	8,541.00
价税合计	大写：叁拾柒万捌仟陆佰陆拾叁元整			小写：¥378,663.00			
价款结算金额	大写：叁拾柒万捌仟陆佰陆拾叁元整			小写：¥378,663.00			

图 4-6-2　受托代销结算清单

图 4-6-3　采购专用发票

图 4-6-4 电汇凭证

任务解析

1. 背景知识

受托代销是一种先销售后结算的采购模式，适用于有受托代销业务的商业企业、医药流通企业。其他企业委托本企业代销其商品，代销商品的所有权仍归委托方；代销商品销售后，本企业对受托方已售出部分与委托方进行结算，开具正式的销售发票，商品所有权转移。

对受托方而言，受托代销业务有两种常见的核算方法：一种是收取手续费方式；另一种是视同买断方式。本例受托代销采购采用买断方式。

视同买断方式下，受托方在销售代销商品时有独立销售定价权，可以在与委托方结算价格的基础上加价销售，以赚取差价。

(1) 收到代销商品

如果委托方和受托方之间的协议明确说明，受托方在取得代销商品后，无论能否卖出、获利，都与委托方没有任何关系，则委托方在符合收入确认条件时，应当确认相关商品收入。如果委托方和受托方之间的协议明确说明，将来受托方未将商品售出时可以退回给委托方，或者受托方因代销商品亏损时可以从委托方处得到补偿，则委托方在交付商品时通常不确认收入，受托方也不做购进商品处理，但需单独设置"受托代销商品"和"受托代销商品款"两个账户。

受托方在收到代销商品时，在库存管理系统中录入采购入库单(入库类型为受托代销)，在存货核算系统中执行正常单据记账并生成凭证。分录如下。

借：受托代销商品　　　　　　　(入库数量×结算价)
　　贷：受托代销商品款　　　　　(入库数量×结算价)

在没有结算价的情况下，受托方可以暂估金额入账，待与委托方结算后，再调整结算价与暂估价之间的差异。U8+中对受托代销业务暂估处理只能采用单到补差方式，在存货核算系统中进行结算成本处理后，系统自动生成入库调整单，调整结算价与暂估价之间的差异。

(2) 受托代销结算

受托方按照自行定价实现销售后向委托方开具销售清单，委托方根据销售清单开具销售发票，受托方取得发票后在采购管理系统中进行受托代销结算。受托代销发票自动传递到应付款管理系统，审核后即可确认应付账款；受托代销结算单则传递到存货核算系统，待结算成本处理后生成入库调整单，再根据入库调整单生成入库调整凭证。

根据销售发票确认收入。

借：应收账款(或银行存款)　　　　　　　　(售出数量×自行定价×1.13)

　　贷：主营业务收入　　　　　　　　　　(售出数量×自行定价)

　　　　应交税费/应交增值税/销项税额　　(售出数量×自行定价×0.13)

根据销售出库单结转销售成本。

借：主营业务成本　　　　　　　　　　　　(售出数量×结算价)

　　贷：受托代销商品　　　　　　　　　　(售出数量×结算价)

根据采购专用发票确认应付。

借：受托代销商品款

　　应交税费/应交增值税/进项税额

　　贷：应付账款

根据入库调整单生成凭证(结算单价<入库单价时，为红字凭证)。

借：受托代销商品

　　贷：受托代销商品款

视同买断受托代销业务流程如图4-6-5所示。

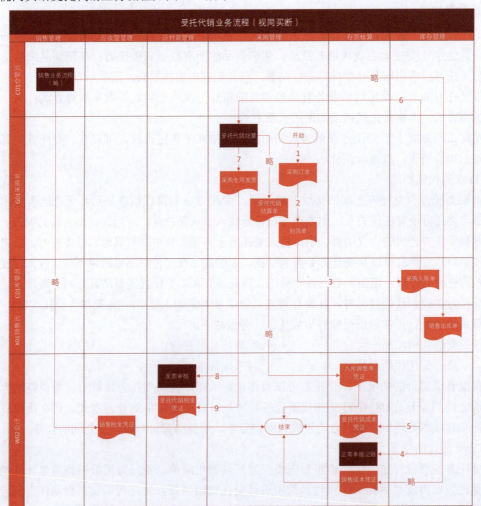

图4-6-5　受托代销业务流程（视同买断）

2. 岗位说明

采购G01完成采购管理系统的相关操作。

仓管C01完成库存管理系统的相关操作。

会计W02完成存货核算和应付款系统的相关操作。

实训指引

签订代销合同业务如下。

1. G01 采购订货

① 角色登录：以"采购G01，操作日期2022年5月10日"登录企业应用平台。

② 路径指引：依次展开"业务导航/供应链/采购管理/采购订货/采购订单"菜单项。

③ 打开生单窗口：双击"采购订单"菜单项，打开"采购订单"窗口。

④ 编辑：单击工具栏中的"增加"按钮，编辑如下信息。

- 表头部分："订单编号"为"ST00001"，"采购类型"为"受托代销"，"供应商"为"青岛海尔"，"部门"为"采购部"，"业务员"为"杨杰"，其他项默认。

- 表体信息：第1行"存货"为"0007/SMMCK榨汁机"，"数量"为"500"，原币单价为"898.00"；第2行"存货"为"0008/摩飞便捷式榨汁机"，"数量"为"500"，"原币单价"为"219.00"，其他项默认。

⑤ 保存、审核：依次单击工具栏中的"保存"及"审核"按钮，完成采购订单任务，结果如图4-6-6所示。

⑥ 退出：单击窗口中的"关闭"按钮，退出任务。

图 4-6-6　采购订单

2. G01 采购到货

① 路径指引：依次展开"业务导航/供应链/采购管理/采购到货/到货单"菜单项。

② 打开生单窗口：双击"到货单"菜单项，单击工具栏中的"增加"按钮，打开"到货单"窗口，修改表头业务类型及采购类型都为"受托代销"，单击工具栏中的"参照/采购订单"命令，打开"查询条件—单据列表过滤"对话框，单击"确定"按钮，打开"拷贝并执行"窗口。

③ 增加：选中本业务采购订单，单击工具栏中的“确定”按钮，增加一张“到货单”。

④ 保存、审核：依次单击工具栏中的“保存”及“审核”按钮，完成采购到货任务，结果如图4-6-7所示。

⑤ 退出：单击窗口中的“关闭”按钮，退出任务。

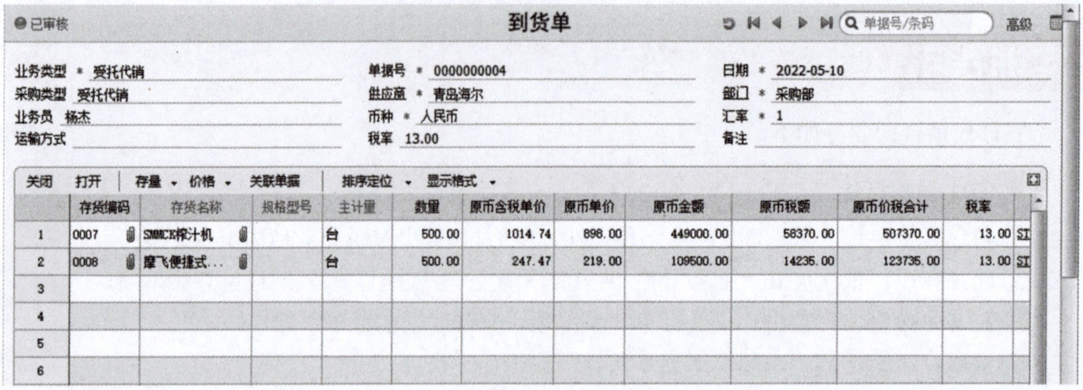
已审核
到货单
单据号/条码
高级
业务类型 * 受托代销
单据号 * 0000000004
日期 * 2022-05-10
采购类型 受托代销
供应商 * 青岛海尔
部门 * 采购部
业务员 杨杰
币种 * 人民币
汇率 * 1
运输方式
税率 13.00
备注
关闭 打开 存量 价格 关联单据 排序定位 显示格式

	存货编码	存货名称	规格型号	主计量	数量	原币含税单价	原币单价	原币金额	原币税额	原币价税合计	税率
1	0007	SMMCK榨汁机		台	500.00	1014.74	898.00	449000.00	58370.00	507370.00	13.00
2	0008	摩飞便捷式...		台	500.00	247.47	219.00	109500.00	14235.00	123735.00	13.00
3											
4											
5											
6											

图 4-6-7　采购到货单

3. C01 采购入库

① 角色登录：以“仓管C01，操作日期2022年5月10日”登录企业应用平台。

② 路径指引：依次展开“业务导航/供应链/库存管理/采购入库/采购入库单”菜单项。

③ 打开生单窗口：双击“采购入库单”菜单项，打开“采购入库单”窗口。单击工具栏中的“参照/采购到货单”命令，打开“查询条件—采购到货单列表”对话框。单击“确定”按钮，打开“到货单生单表头”窗口。

④ 编辑：选中本业务采购到货单，单击工具栏中的“确定”按钮，增加一张“采购入库单”，在表体部分，设置“仓库”为“04受托代销仓库”，其他项默认。

⑤ 保存、审核：依次单击工具栏中的“保存”及“审核”按钮，完成采购入库任务，结果如图4-6-8所示。

⑥ 退出：单击窗口中的“关闭”按钮，退出任务。

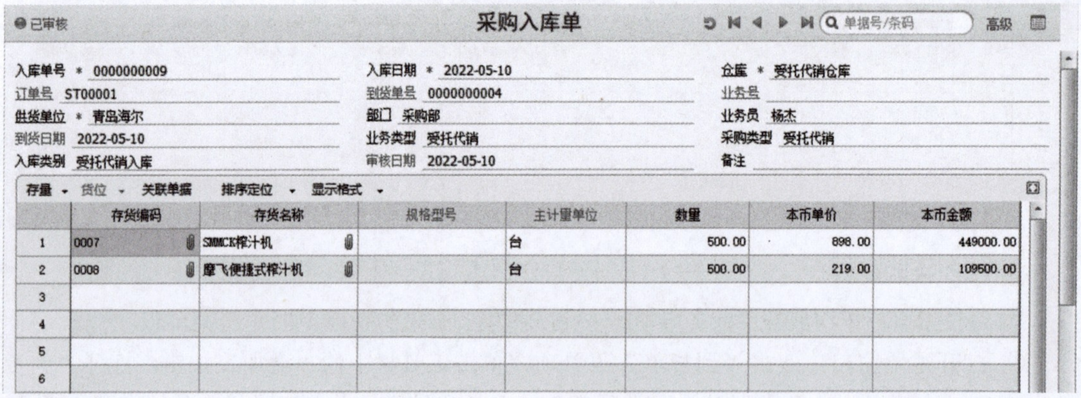
已审核
采购入库单
单据号/条码
高级
入库单号 * 0000000009
入库日期 * 2022-05-10
仓库 * 受托代销仓库
订单号 ST00001
到货单号 0000000004
业务号
供货单位 * 青岛海尔
部门 采购部
业务员 杨杰
到货日期 2022-05-10
业务类型 受托代销
采购类型 受托代销
入库类别 受托代销入库
审核日期 2022-05-10
备注
存量 货位 关联单据 排序定位 显示格式

	存货编码	存货名称	规格型号	主计量单位	数量	本币单价	本币金额
1	0007	SMMCK榨汁机		台	500.00	898.00	449000.00
2	0008	摩飞便捷式榨汁机		台	500.00	219.00	109500.00
3							
4							
5							
6							

图 4-6-8　采购入库单

4. W02 单据记账

① 路径指引：依次展开"业务导航/供应链/存货核算/记账/正常单据记账"菜单项。

② 打开记账窗口：双击"正常单据记账"菜单项，单击"查询"按钮，弹出"查询条件"对话框，单击"确定"按钮，打开"未记账单据一览表"窗口。

③ 记账：选中本业务采购入库单，单击工具栏中的"记账"按钮，弹出记账成功信息提示框，单击"确定"按钮，完成记账任务。

④ 退出：单击窗口中的"关闭"按钮，退出任务。

5. W02 归集受托代销成本凭证

① 路径指引：依次展开"业务导航/供应链/存货核算/凭证处理/生成凭证"菜单项。

② 打开制单窗口：双击"生成凭证"菜单项，单击工具栏中的"选单"按钮，弹出"查询条件—生成凭证查询条件"对话框，单击"确定"按钮，打开"选择单据"窗口。

③ 制单：选中本业务采购入库单，单击工具栏中的"确定"按钮，再单击"合并制单"按钮，完善科目并生成凭证信息(借记：受托代销商品，贷记：受托代销商品款)。

④ 保存：单击工具栏中的"保存"按钮，完成受托代销成本凭证，结果如图4-6-9所示。

⑤ 退出：单击窗口中的"关闭"按钮，退出任务。

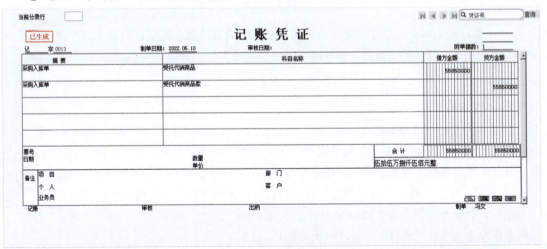

图 4-6-9 采购入库单凭证

下面各项为受托代销结算业务流程。

6. G01 受托代销结算处理

① 角色登录：以"采购G01，操作日期2022年5月31日"登录企业应用平台。

② 路径指引：依次展开"业务导航/供应链/采购管理/采购结算/受托代销结算"菜单项。

③ 打开结算窗口：双击"受托代销结算"菜单项，打开"查询条件选择—委托结算选单过滤"窗口，选择"供应商"为"青岛海尔"，单击"确定"按钮，打开"受托代销结算"窗口。

④ 编辑信息如下。
- 表头部分：设置"发票号"为"97678646"，"采购类型"为"02/受托代销"，"部门"为"采购部"，"业务员"为"杨杰"，其他项默认。
- 表体部分：存货"结算数量"均为"300"，其他项默认。

结果如图4-6-10所示。

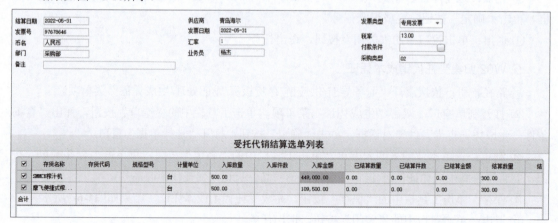

图4-6-10 受托代销结算单列表

⑤ 结算：选中本业务结算入库单，单击工具栏中的"结算"按钮，自动生成一张已结算的采购专用发票和受托代销结算单，系统提示"结算完成"。

⑥ 退出：单击窗口中的"关闭"按钮，退出任务。

7. G01 发票现付

① 路径指引：依次展开"业务导航/供应链/采购管理/采购发票/专用采购发票"菜单项。

② 打开发票窗口：双击"专用采购发票"菜单项，打开"专用发票"窗口，通过单击"上张"及"下张"按钮，找到本业务采购专用发票。

③ 现付：单击工具栏中的"现付"按钮，打开"采购现付"对话框，编辑"结算方式"为"电汇"，"原币金额"为"378,663.00"，"票据号"为"88907869"，单击"确定"按钮，此时窗口左上方出现"现付"字样，结果如图4-6-11所示。

④ 退出：单击窗口中的"关闭"按钮，退出任务。

图4-6-11 开具采购专用发票

8. W02 发票审核

① 角色登录：以"会计W02，操作日期2022年5月31日"登录企业应用平台。

② 路径指引：依次展开"业务导航/财务会计/应付款管理/应付处理/采购发票/采购发票审核"菜单项。

③ 打开审核窗口：双击"采购发票审核"菜单项，单击"查询"按钮，弹出"查询条件—发票查询"对话框，单击"确定"按钮，打开"采购发票列表"窗口。

④ 审核：选中本业务采购发票，单击工具栏中的"审核"按钮，弹出审核成功信息提示框，完成发票审核任务。

⑤ 退出：单击窗口中的"关闭"按钮，退出任务窗口。

9. W02 归集采购税金凭证

① 路径指引：依次展开"业务导航/财务会计/应付款管理/凭证处理/生成凭证"菜单项。

② 打开制单窗口：双击"生成凭证"菜单项，打开"制单查询"窗口，选中"现结"选项，单击"确定"按钮，打开"制单"窗口。

③ 制单：选中本业务采购发票，单击工具栏中的"制单"按钮，修改科目并生成凭证信息(借记：受托代销商品款、应交税费/应交增值税/进项税额，贷记：银行存款/工行存款)。

④ 保存凭证：单击工具栏中的"保存"按钮，完成采购税金凭证任务，结果如图4-6-12所示。

⑤ 退出：单击窗口中的"关闭"按钮，退出任务。

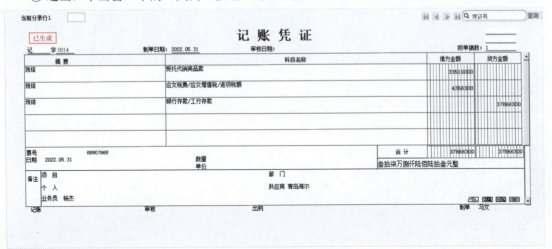

图 4-6-12　采购专用发票凭证

❖ **拓展任务：**

收取手续费的受托代销业务(结算)

◇ 功能概要：受托方应在销售商品后，按合同或协议约定的方法计算确定的手续费并确认收入。

◇ 业务描述：2022年5月30日，与H公司进行受托代销商品结算。本月的代销情况为：销售1T移动硬盘300个，无税单价为500.00元。收到对方开具的发票，支付除去手续费的全额货款，同时公司也开具了一张税率为6%的手续费专用发票。(注：手续费通过负向应付单处理，对方开具的发票号为11552236，公司开具的发票号为13555687，结算方式为转账支票，票据号为22586678)

◇ 路径指引：
① 依次展开"业务工作/供应链/采购管理(受托代销结算/采购专用发票)"菜单项。
② 依次展开"业务工作/供应链/应付款管理(负向应付单录入/审核/制单，应付款单据审核/制单，红票对冲/制单)"菜单项。

◇ 岗位说明：
① 采购G01完成采购管理系统相关操作。
② 会计W02完成存货核算和应付款管理系统相关操作。

项目五 销售管理

实训一 普通销售业务

实训任务

2022年5月11日,与厦门天猫电器城签订销售合同。原始单据参见图5-1-1、图5-1-2和图5-1-3。

购销合同

NO:XS00001

卖方:北京嘉益达电器有限公司
买方:厦门天猫电器城

为保护买卖双方的合法权益,买卖双方根据《中华人民共和国民法典》的有关规定,经友好协商,一致同意签订本合同并共同遵守。

一、货物的名称、数量及金额

货物名称	规格型号	计量单位	数量	单价(不含税)	金额(不含税)	税率	税额
Toffy电烤箱		台	300	500.00	150,000.00	13%	19,500.00
柏翠电烤箱		台	400	1,500.00	600,000.00	13%	78,000.00
合计			700		¥750,000.00		¥97,500.00

二、合同总金额:人民币捌拾肆万柒仟伍佰元整(¥847,500.00)
三、交货日期及结算方式
1. 交货日期:2022年5月11日。
2. 结算方式:电汇。
四、交货地点:厦门天猫电器城。
五、发运方式及运输费用承担方式:由卖方发货,运输费用由买方承担。

卖　方:北京嘉益达电器有限公司　　　　买　方:厦门天猫电器城
授权代表:陈馨　　　　　　　　　　　　授权代表:魏强
日　　期:2022年5月11日　　　　　　　日　　期:2022年5月11日

图 5-1-1　销售合同

北京增值税专用发票

NO 03755652

1100171164

发票联

开票日期：2022年05月11日

购货单位	名　　称：厦门天猫电器城	密码区	略
	纳税人识别号：350100570995628		
	地　址、电　话：福建省厦门市思明区体育路48号 0592-5371887		
	开户行及账号：中行厦门高新支行 6224835491011259		

货物或应税劳务、服务名称	规格型号	单位	数量	单价	金额	税率	税额
Toffy电烤箱		台	300	500.00	150,000.00	13%	19,500.00
柏翠电烤箱		台	400	1,500.00	600,000.00	13%	78,000.00
合　计					￥750,000.00		￥97,500.00

价税合计(大写) 捌拾肆万柒仟伍佰元整　　　(小写) ￥847,500.00

销货单位	名　　称：北京嘉益达电器有限公司	备注	
	纳税人识别号：235020971DK0011		
	地　址、电　话：北京市朝阳区桥北路105号 010-53714456		
	开户行及账号：中国工商银行北京朝阳支行 62248354910225229		

收款人：(略)　　复核：(略)　　开票人：(略)　　销货单位：(章)

图 5-1-2　销售专用发票

工商银行 电汇凭证（收账通知）

NO 26024971

委托日期：2022年5月11日

付款人	全　称	厦门天猫电器城	收款人	全　称	北京嘉益达电器有限公司
	账　号	6224835491011259		账　号	62248354910225229
	汇出地点	厦门		汇入地点	北京
汇出行名称		中行厦门高新支行	汇入行名称		中国工商银行北京朝阳支行

金额	人民币(大写)	捌拾肆万柒仟伍佰元整	亿	千	百	十	万	千	百	十	元	角	分
						￥	8	4	7	5	0	0	0

汇款用途：

上列款项已代进账，如有错误请持此联来行面洽

汇入行签章
2022年5月11日

上列款项已照收无误

收款人盖章
2022年5月11日

留行代取预留收款人印签

科目(借)
对方科目(贷)
汇出行解汇日期　　年　　月　　日
复核　　记账　　出纳

收款人：(略)　　复核：(略)　　开票人：(略)

图 5-1-3　电汇凭证

任务解析

1. 背景知识

普通销售业务中的开票直接发货，是指根据销售订单或其他销售合同，向客户开具销售发票，客户根据发票到指定仓库提货。

销售业务流程如图5-1-4所示。

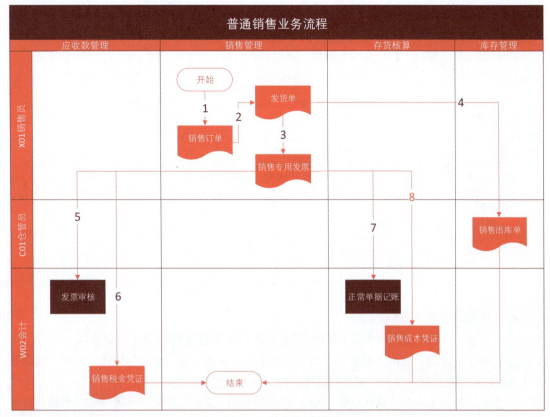

图 5-1-4　销售业务流程

2. 岗位说明

销售X01完成销售管理系统的相关操作。

仓管C01完成库存管理系统的相关操作。

会计W02完成存货核算和应收款管理系统的相关操作。

实训指引

1. X01 销售合同

① 角色登录：以"销售X01，操作日期2022年5月11日"登录企业应用平台。

② 路径指引：依次展开"业务导航/供应链/销售管理/销售订货/销售订单"菜单项。

③ 打开生单窗口：双击"销售订单"菜单项，打开"销售订单"窗口。

④ 生单：单击工具栏中的"增加"按钮，增加一张销售订单，编辑如下信息。

- 表头部分："订单号"为"XS00001"，"客户简称"为"厦门天猫"，"销售部门"为"销售部"，"业务员"为"陈馨"，其他项默认。
- 表体部分：第1行"存货"为"0005/Toffy电烤箱"，"数量"为"300"，"无税单价"为"500.00"；第2行"存货"为"0006/柏翠电烤箱"，"数量"为"400"，"无税单价"为"1,500.00"，其他项默认。

⑤ 保存、审核：依次单击工具栏中的"保存"及"审核"按钮，完成增加销售订单的任务，结果如图5-1-5所示。

⑥ 退出：单击窗口中的"关闭"按钮，退出任务窗口。

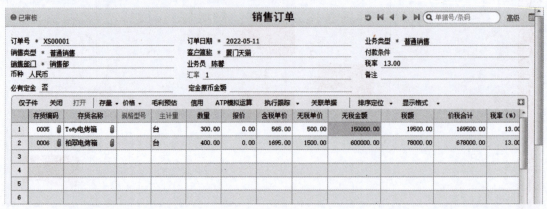

图 5-1-5　销售订单

2. X01 销售发货

① 路径指引：依次展开"业务导航/供应链/销售管理/销售发货/发货单"菜单项。

② 打开生单窗口：双击"发货单"菜单项，单击工具栏中的"增加"按钮，弹出"查询条件—参照订单"对话框，单击"确定"按钮，打开"参照生单"窗口。

③ 生单：选中本业务的销售订单，单击工具栏中的"确定"按钮，生成一张发货单。在表体部分，设置"仓库名称"为"02/电烤箱仓库"，其他项默认。

④ 保存、审核：依次单击工具栏中的"保存"及"审核"按钮，完成销售发货任务，结果如图5-1-6所示。

⑤ 退出：单击窗口中的"关闭"按钮，退出任务窗口。

图 5-1-6　销售发货单

3. X01 销售开票

① 路径指引：依次展开"业务导航/供应链/销售管理/销售开票/销售专用发票"菜单项。

② 打开生单窗口：双击"销售专用发票"菜单项，打开"销售专用发票"窗口。单击工具栏中的"增加"按钮，弹出"查询条件—发票参照订单"对话框，单击"取消"按钮。单击工具栏中的"参照/发货单"命令，弹出"查询条件—发票参照发货单"对话框，单击"确定"按钮，打开"参照生单"窗口。

③ 生单：选中本业务发货单，单击工具栏中的"确定"按钮，生成一张销售专用发票。在表头部分设置"发票号"为"03755652"，其他项默认。

编辑完毕，单击工具栏中的"保存"按钮。

④ 现结：单击工具栏中的"现结"按钮，打开"现结"对话框，录入"结算方式"为"电汇"，"原币金额"为"847,500.00"，"票据号"为"26024971"，单击"确定"按钮，此时窗口左上方出现"现结"字样。

⑤ 复核：单击工具栏中的"复核"按钮，完成销售开票任务，结果如图5-1-7所示。

⑥ 退出：单击窗口中的"关闭"按钮，退出任务窗口。

图 5-1-7　开具销售专用发票

4. C01 销售出库

① 角色登录：以"仓管C01，操作日期2022年5月11日"登录企业应用平台。

② 路径指引：依次展开"业务导航/供应链/库存管理/销售出库/销售出库单"菜单项。

③ 打开生单窗口：双击"销售出库单"菜单项，打开"销售出库单"窗口。单击"增加/销售发货单"命令，弹出"查询条件—销售发货单列表"对话框，单击"确定"按钮，打开"销售生单"窗口。

④ 审核：选中本业务发货单，单击工具栏中的"确定"按钮，生成一张销售出库单。依次单击工具栏中的"保存""审核"按钮，弹出审核成功信息提示框，单击"确定"按钮，完成销售出库任务，结果如图5-1-8所示。

⑤ 退出：单击窗口中的"关闭"按钮，退出任务窗口。

⑤退出：单击窗口中的"关闭"按钮，退出任务窗口。

7. W02 正常单据记账

①路径指引：依次展开"业务导航/供应链/存货核算/记账/正常单据记账"菜单项。

②打开记账窗口：双击"正常单据记账"菜单项，弹出"查询"按钮，弹出"查询条件"对话框，单击"确定"按钮，打开"本次记账单据一览表"窗口。

③记账：选中本业务销售发票，单击工具栏中的"记账"按钮，弹出记账成功信息提示框，单击"确定"按钮，完成记账任务。

④退出：单击窗口中的"关闭"按钮，退出任务窗口。

8. W02 归集销售成本凭证

①路径指引：依次展开"业务导航/供应链/存货核算/凭证管理/归集凭证"菜单项。

②打开制单窗口：双击"生成凭证"菜单项，打开"选择单据"窗口，单击工具栏中的"选单"按钮，弹出"查询条件—生成凭证查询条件"对话框，单击"确定"按钮，打开"选择单据"窗口。

③制单：选中本业务的销售发票，单击工具栏中的"确定"按钮，单击"合并制单"按钮，生成凭证信息(借记：主营业务成本，贷记：库存商品)。

④保存：单击工具栏中的"保存"按钮，完成销售成本凭证任务。结果如图5-1-10所示。

⑤退出：单击窗口中的"关闭"按钮，退出任务窗口。

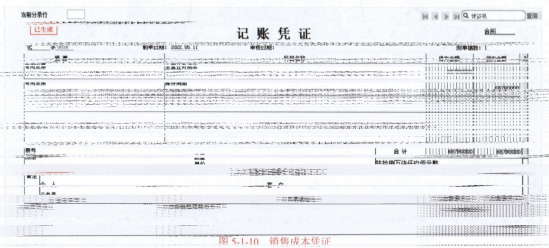

图5-1-10 销售成本凭证

实训二 付定金的销售业务

实训任务

2022年5月13日，与南昌益华新世界购物中心签订销售合同。原始单据可参见图5-2-1和图5-2-2。

购 销 合 同

NO：XS00002

卖方：北京嘉益达电器有限公司
买方：南昌益华新世界购物中心

　为保护买卖双方的合法权益，买卖双方根据《中华人民共和国民法典》的有关规定，经友好协商，一致同意签订本合同并共同遵守。

　一、货物的名称、数量及金额

货物名称	规格型号	计量单位	数量	单价(不含税)	金额(不含税)	税率	税额
TKH电烤箱		台	500	1,800.00	900,000.00	13%	117,000.00
合计			500		¥900,000.00		¥117,000.00

　二、合同总金额：人民币壹佰零壹万柒仟元整(¥1,017,000.00)
　三、交易约定
　1. 交货日期：2022年5月13日。
　2. 付款时间：签订合同当日向卖方支付定金贰拾万元整(¥200,000.00)，剩余货款于收到商品检验验收合格后30日内支付。
　3. 结算方式：转账支票。
　4. 交货地点：北京嘉益达电器有限公司。
　5. 发运方式与运输费用承担方式：由卖方发货，运输费用由买方承担。

卖　方：北京嘉益达电器有限公司
授权代表：陈馨
日　　期：2022年5月13日

买　方：南昌益华新世界购物中心
授权代表：陈血坤
日　　期：2022年5月13日

图 5-2-1　购销合同

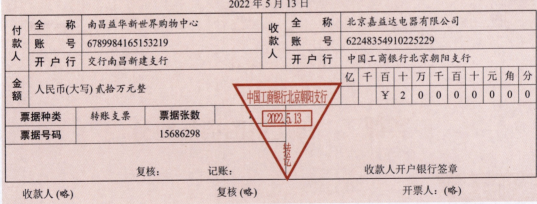

图 5-2-2　银行进账单

2022年5月14日，商品发货，原始单据可参见图5-2-3。

图 5-2-3 销售专用发票

任务解析

1. 背景知识

销售定金是指在合同订立或在履行之前，支付一定数额的金钱作为担保的担保方式。在用友U8+中，销售业务的定金通过"销售定金"反映。

定金销售业务流程如图5-2-4所示。

2. 岗位说明

销售X01完成销售管理系统的相关操作。
出纳W03完成应收款管理系统的相关操作。
仓管C01完成库存管理系统的相关操作。
会计W02完成存货核算和应收款管理系统的相关操作。

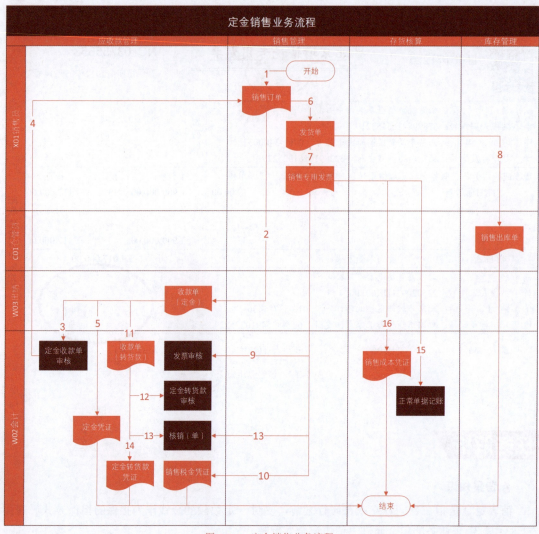

图 5-2-4 定金销售业务流程

实训指引

1. X01 销售合同

① 角色登录:以"销售X01,操作日期2022年5月13日"登录企业应用平台。

② 路径指引:依次展开"供应链/销售管理/销售订货/销售订单"菜单项。

③ 打开生单窗口:双击"销售订单"菜单项,打开"销售订单"窗口。

④ 编辑:单击工具栏中的"增加"按钮,增加一张销售订单,编辑如下信息。

○ 表头部分:"订单号"为"XS00002","客户简称"为"南昌益华","销售部门"为"销售部","业务员"为"陈馨","必有定金"为"是","定金原币金额"为"200,000.00",其他项默认。

○ 表体部分:"存货名称"为"TKH电烤箱","数量"为"500","无税单价"为"1,800.00","预发货日期"为"2022-05-14",其他项默认。

⑤ 保存:单击工具栏中的"保存"按钮,完成销售合同的填制任务,结果如图5-2-5所示。

> ❖ **特别提醒:**
>
> ☆ 一般生成的销售订单会直接保存并审核,但有定金的销售订单未收到定金审核时,会弹出"定金累计收款金额小于定金金额,不能审核"提示信息,需要收到销售定金后,才能返回审核销售订单。

⑥ 退出:单击窗口中的"关闭"按钮,退出任务窗口。

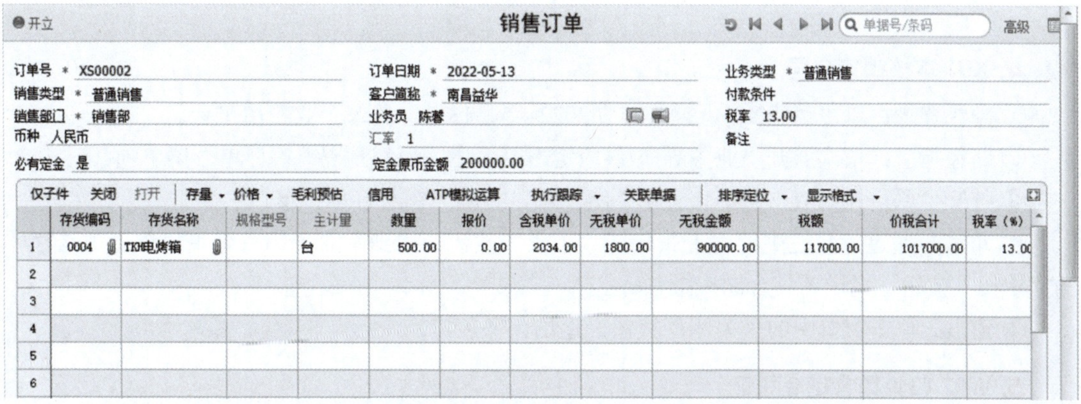

图 5-2-5 销售订单

2. W03 收取销售定金

① 角色登录:以"出纳W03,操作日期2022年5月13日"登录企业应用平台。

② 路径指引:依次展开"业务导航/财务会计/应收款管理/收款处理/收款单据录入"菜单项。

③ 打开生单窗口:双击"收款单据录入"菜单项,打开"生单"窗口。单击工具栏中的"增加/销售定金"命令,弹出"查询条件—参照订单"对话框,单击"确定"按钮,打开"拷贝并执行"窗口。

④ 编辑:选中本业务销售订单,单击工具栏中的"确定"按钮,生成一张收款单,在表头部分,设置"结算方式"为"转账支票","票据号"为"15686298",其他项默认。

⑤ 保存:单击工具栏中的"保存"按钮,出纳完成销售定金任务。

⑥ 退出:单击窗口中的"关闭"按钮,退出任务窗口。

3. W02 审核销售定金

① 角色登录:以"会计W02,操作日期2022年5月13日"登录企业应用平台。

② 路径指引:依次展开"业务导航/财务会计/应收款管理/收款处理/收款单据审核"菜单项。

③ 打开审核窗口:双击"收款单据审核"菜单项,单击"查询"按钮,弹出"查询条件—收付款单过滤"对话框,单击"确定"按钮,打开"收付款单列表"窗口。

④ 审核:找到本业务定金收款单,单击工具栏中的"审核"按钮,弹出审核成功信息提示框,单击"确定"按钮,完成销售定金审核任务,结果如图5-2-6所示。

⑤ 退出:单击窗口中的"关闭"按钮,退出任务窗口。

图 5-2-6 收款单

4. X01 审核销售合同

① 角色登录：以"销售X01，操作日期2022年5月13日"登录企业应用平台。

② 路径指引：依次展开"业务导航/供应链/销售管理/销售订货/销售订单"菜单项。

③ 打开生单窗口：双击"销售订单"菜单项，打开"销售订单"窗口。

④ 审核：通过工具栏中的"上张"或"下张"按钮，找到本业务销售订单，单击工具栏中的"审核"按钮，完成销售合同审批任务。

⑤ 退出：单击窗口中的"关闭"按钮，退出任务窗口。

5. W02 归集销售定金凭证

① 角色登录：以"会计W02，操作日期2022年5月13日"登录企业应用平台。

② 路径指引：依次展开"业务导航/财务会计/应收款管理/应收处理/生成凭证"菜单项。

③ 打开制单窗口：双击"生成凭证"菜单项，弹出"制单查询"对话框，取消选中"发票制单"选项，选中"收付款单"选项，单击"确定"按钮，打开"制单"窗口。

④ 制单：选择本业务收款单，单击工具栏中的"制单"按钮，生成一张记账凭证。补充凭证信息，其中借记：银行存款/工行存款，贷记：预收账款/销售定金。设置相关的辅助信息，如客户：南昌益华；业务员：陈馨；发生日期：2022-05-13。

⑤ 保存：单击工具栏中的"保存"按钮，完成销售定金凭证任务，结果如图5-2-7所示。

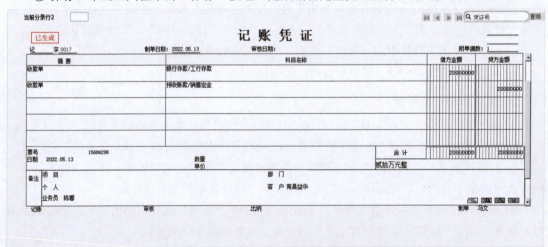

图 5-2-7 收取定金凭证

⑥ 退出：单击窗口中的"关闭"按钮，退出任务窗口。

6. X01 销售发货

① 角色登录：以"销售X01，操作日期2022年5月14日"登录企业应用平台。

② 路径指引：依次展开"业务导航/供应链/销售管理/销售发货/发货单"菜单项。

③ 打开生单窗口：双击"发货单"菜单项，打开"发货单"窗口。单击工具栏中的"增加"按钮，并单击"参照/订单"命令，弹出"查询条件—参照订单"对话框，单击"确定"按钮，打开"参照生单"窗口。

④ 编辑：选中本业务销售订单，单击工具栏中的"确定"按钮，在表体部分设置"仓库名称"为"电烤箱仓库"，其他项默认。

⑤ 保存、审核：依次单击工具栏中的"保存"及"审核"按钮，完成销售发货任务，结果如图5-2-8所示。

⑥ 退出：单击窗口中的"关闭"按钮，退出任务窗口。

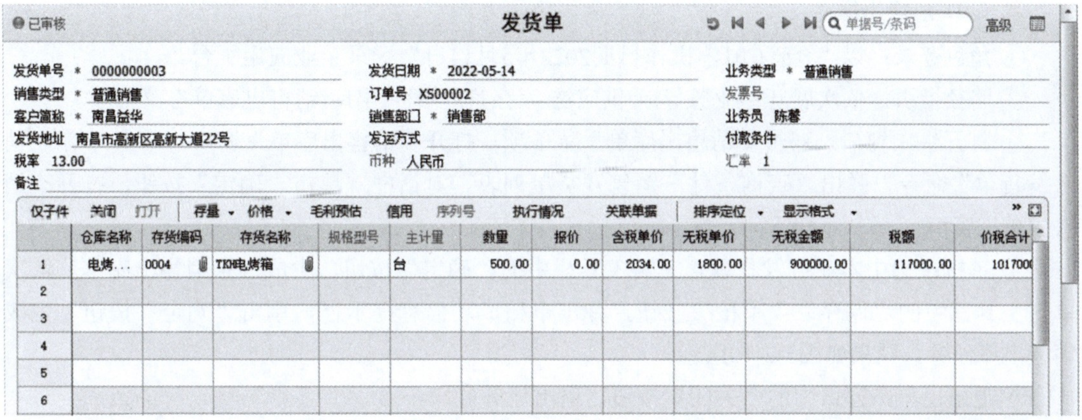

图 5-2-8　销售发货单

7. X01 销售开票

① 路径指引：依次展开"业务导航供应链/销售管理/销售开票/销售专用发票"菜单项。

② 打开生单窗口：双击"销售专用发票"菜单项，打开"销售专用发票"窗口。单击工具栏中的"增加"按钮，弹出"查询条件选择—参照订单"对话框，单击"取消"按钮。单击工具栏中的"参照/参照发货单"命令，弹出"查询条件—发票参照发货单"对话框，单击"确定"按钮，打开"参照生单"窗口。

③ 生单：选中本业务发货单，单击工具栏中的"确定"按钮，生成一张销售专用发票。在表头部分设置"发票号"为"03755653"，其他项默认。

④ 保存、复核：依次单击工具栏中的"保存""复核"按钮，完成发票开具任务，结果如图5-2-9所示。

⑤ 退出：单击窗口中的"关闭"按钮，退出任务窗口。

图 5-2-9　开具销售专用发票

8. C01 销售出库

① 角色登录：以"仓管C01，操作日期2022年5月14日"登录企业应用平台。

② 路径指引：依次展开"业务导航/供应链/库存管理/销售出库/销售出库单"菜单项。

③ 打开生单窗口：双击"销售出库单"菜单项，打开"销售出库单"窗口。单击"增加/销售发货单"命令，弹出"查询条件—销售发货单列表"对话框，单击"确定"按钮，打开"销售生单"窗口。

④ 审核：选中本业务发货单，单击工具栏中的"确定"按钮，生成一张销售出库单。依次单击工具栏中的"保存""审核"按钮，弹出审核成功信息提示框，单击"确定"按钮，完成销售出库任务，结果如图5-2-10所示。

⑤ 退出：单击窗口中的"关闭"按钮，退出任务窗口。

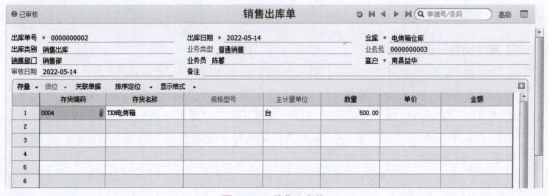

图 5-2-10　销售出库单

9. W02 发票审核

① 角色登录：以"会计W02，操作日期2022年5月14日"登录企业应用平台。

② 路径指引：依次展开"业务导航/财务会计/应收款管理/应收处理/销售发票/销售发票审核"菜单项。

③ 打开审核窗口：双击"销售发票审核"菜单项，单击"查询"按钮，弹出"查询条件—发票查询"对话框，单击"确定"按钮，打开"销售发票列表"窗口。

④ 审核：选中本业务的销售发票，单击工具栏中的"审核"按钮，弹出审核成功信息提示框，完成审核发票任务。

⑤ 退出：单击窗口中的"关闭"按钮，退出任务窗口。

10. W02 归集销售税金凭证

① 路径指引：依次展开"业务导航/财务会计/应收款管理/凭证处理/生成凭证"菜单项。

② 打开制单窗口：选择"应收款管理"子系统，双击"生成凭证"菜单项，弹出"制单查询"窗口，选中"发票"选项，单击"确定"按钮，打开"制单"窗口。

③ 制单：选中本业务销售发票，单击工具栏中的"制单"按钮，生成凭证信息(借记：应收账款，贷记：主营业务收入、应交税费/应交增值税/销项税额)。

④ 保存：单击工具栏中的"保存"按钮，完成销售税金凭证任务，结果如图5-2-11所示。

⑤ 退出：单击窗口中的"关闭"按钮，退出任务窗口。

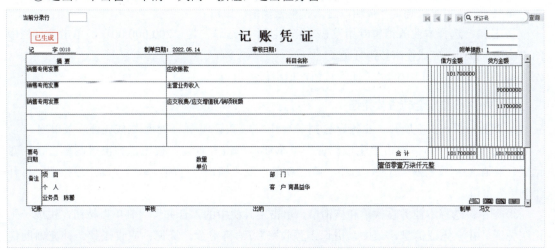

图 5-2-11　销售专用发票凭证

11. W02 定金转货款

① 路径指引：依次展开"业务导航/应收款管理/收款处理/收款单据录入"菜单项。

② 打开生单窗口：双击"收款单据录入"菜单项，打开"收付款单"窗口。

③ 定金转货款：通过单击工具栏中的"上张"或"下张"按钮，找到本业务销售定金，单击工具栏中的"转出/转货款"命令，打开"销售定金转出"窗口，单击"确定"按钮，系统提示转出成功，单击"确定"按钮，完成定金转货款任务，结果如图5-2-12所示。

④ 审核：通过单击工具栏中的"上张"或"下张"按钮，找到生成的收款单，单击工具栏中的"审核"按钮，弹出"是否立即制单"信息提示框，单击"否"按钮，完成审核任务。

⑤ 退出：单击窗口中的"关闭"按钮，退出任务窗口。

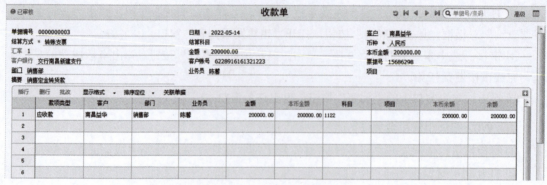

图 5-2-12　销售定金转货款收款单

12. W02 往来核销

① 路径指引：依次展开"业务导航/财务会计/应收款管理/核销处理/手工核销"菜单项。

② 打开核销窗口：双击"手工核销"菜单项，打开"核销条件"窗口，选择"客户"为"南昌益华"，单击"确定"按钮，进入"单据核销"窗口。

③ 核销：选择本业务销售专用发票，修改"本次结算"为"200,000.00"，单击工具栏中的"确认"按钮，完成往来核销任务。

④ 退出：单击窗口中的"关闭"按钮，退出任务窗口。

13. W02 归集定金转货款凭证

① 路径指引：依次展开"业务导航/财务会计/应收款管理/凭证处理/生成凭证"菜单项。

② 打开制单窗口：双击"生成凭证"菜单项，单击"查询"按钮，弹出"制单查询"对话框，取消选中"发票"选项，选中"收付款单"及"核销"选项，单击"确定"按钮，打开"制单"窗口。

③ 制单：选择本业务收款单和核销单，单击工具栏中的"合并""制单"按钮，生成一张记账凭证，补充凭证信息，其中，借记：预收账款/销售定金，贷记：应收账款。补充辅助信息，如客户：南昌益华；业务员：陈馨；发生日期：2022-05-14。

④ 保存：单击工具栏中的"保存"按钮，完成定金转货款凭证任务，结果如图5-2-13所示。

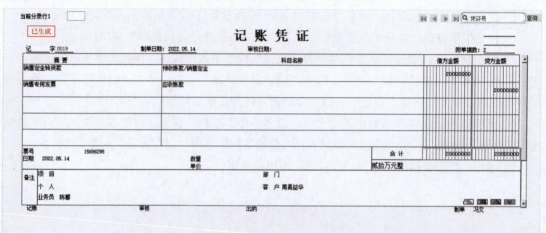

图 5-2-13　销售定金转货款凭证

⑤ 退出：单击窗口中的"关闭"按钮，退出任务窗口。

14. W02 正常单据记账

① 路径指引：依次展开"业务导航/供应链/存货核算/记账/正常单据记账"菜单项。

② 打开记账窗口：双击"正常单据记账"菜单项，单击"查询"按钮，弹出"查询条件"对话框，单击该对话框中的"确定"按钮，打开"未记账单据一览表"窗口。

③ 记账：选中本业务销售发票，单击工具栏中的"记账"按钮，弹出记账成功信息提示框，单击"确定"按钮，完成记账任务。

④ 退出：单击窗口中的"关闭"按钮，退出任务窗口。

15. W02 归集销售成本凭证

① 路径指引：依次展开"供应链/存货核算/凭证处理/生成凭证"菜单项。

② 打开制单窗口：双击"生成凭证"菜单项，单击工具栏中的"选单"按钮，弹出"查询条件—生成凭证查询条件"对话框，单击"确定"按钮，打开"选择单据"窗口。

③ 制单：选中本业务销售发票，单击工具栏中的"确定"按钮，单击"合并制单"按钮，生成凭证信息(借记：主营业务成本，贷记：库存商品)。

④ 保存：单击工具栏中的"保存"按钮，完成销售成本凭证任务，结果如图5-2-14所示。

⑤ 退出：单击窗口中的"关闭"按钮，退出任务窗口。

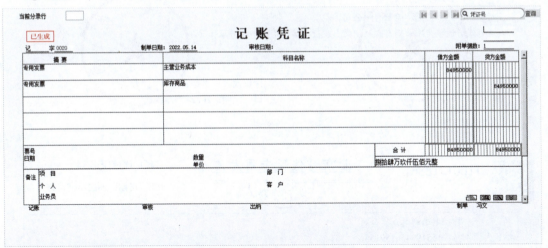

图 5-2-14 销售成本凭证

实训三 销售代销商品

实训任务

2022年5月15日，与湖南新翼百货公司签订销售协议。原始单据可参见图5-3-1、图5-3-2和图5-3-3。

购 销 合 同

NO：XS00003

卖方：北京嘉益达电器有限公司
买方：湖南新翼百货公司

为保护买卖双方的合法权益，买卖双方根据《中华人民共和国民法典》的有关规定，经友好协商，一致同意签订本合同并共同遵守。

一、货物的名称、数量及金额

货物名称	规格型号	计量单位	数量	单价(不含税)	金额(不含税)	税率	税额
SMMCK榨汁机		台	300	1,000.00	300,000.00	13%	39,000.00
摩飞便捷式榨汁机		台	300	300.00	90,000.00	13%	11,700.00
合计			600		¥390,000.00		¥50,700.00

二、合同总金额：人民币肆拾肆万零柒佰元整(¥440,700.00)
三、交易约定
1. 交货日期：2022年5月15日。
2. 付款时间：签订合同当日付款。
3. 结算方式：转账支票。
4. 交货地点：北京嘉益达电器有限公司。
5. 发运方式与运输费用承担方式：由卖方发货，运输费用由买方承担。

卖　方：北京嘉益达电器有限公司　　　　买　方：湖南新翼百货公司
授权代表：陈馨　　　　　　　　　　　　授权代表：周春喜
日　　期：2022年5月15日　　　　　　　日　　期：2022年5月15日

图 5-3-1　购销合同

北京增值税专用发票

1100171886　　　　　　　　　　　　　　NO 03755654

开票日期：2022年05月15日

购货单位	名称	湖南新翼百货公司				密码区		
	纳税人识别号	1551994561591556						
	地址、电话	衡阳市光荣路30号　0734-31027809				略		
	开户行及账号	建行湖南衡阳支行　6228516516115611						
货物或应税劳务、服务名称	规格型号	单位	数量	单价	金额		税率	税额
SMMCK榨汁机		台	300	1,000.00	300,000.00		13%	39,000.00
摩飞便捷式榨汁机		台	300	300.00	90,000.00		13%	11,700.00
合计					¥390,000.00			¥50,700.00
价税合计(大写)		肆拾肆万零柒佰元整			(小写) ¥440,700.00			
销货单位	名称	北京嘉益达电器有限公司				备注		
	纳税人识别号	235020971DK0011						
	地址、电话	北京市朝阳区桥北路105号　010-53714456						
	开户行及账号	中国工商银行北京朝阳支行　62248354910225229						

收款人：(略)　　复核：(略)　　开票人：(略)　　销货单位：(章)

第一联：记账联 销货方记账凭证

图 5-3-2　销售专用发票

图 5-3-3　银行进账单

任务解析

1. 背景知识

① 销售代销商品(视同买断方式)。

② 销售业务处理流程同实训一普通销售业务一致，如图5-1-4所示。

2. 岗位说明

销售X01完成销售管理系统的相关操作。

仓管C01完成库存管理系统的相关操作。

会计W02完成存货核算和应收款管理系统的相关操作。

实训指引

1. X01 签订销售合同

① 角色登录：以"销售X01，操作日期2022年5月15日"登录企业应用平台。

② 路径指引：依次展开"业务导航/供应链/销售管理/销售订货/销售订单"菜单项。

③ 打开生单窗口：双击"销售订单"菜单项，打开"销售订单"窗口。

④ 生单：单击工具栏中的"增加"按钮，增加一张销售订单，编辑如下信息。

- 表头部分："订单号"为"XS00003"，"客户简称"为"湖南新翼"，"销售部门"为"销售部"，"业务员"为"陈馨"，其他项默认。
- 表体部分：第1行"存货"为"0007/SMMCK榨汁机"，"数量"为"300"，"无税单价"为"1,000.00"；第2行"存货"为"0008/摩飞便捷式榨汁机"，"数量"为"300"，"无税单价"为"300.00"，其他项默认。

⑤ 保存、审核：依次单击工具栏中的"保存"及"审核"按钮，完成销售合同填制任务，结果如图5-3-4所示。

⑥ 退出：单击窗口中的"关闭"按钮，退出任务窗口。

图 5-3-4　销售订单

2. X01 销售发货

① 路径指引：依次展开"业务导航/供应链/销售管理/销售发货/发货单"菜单项。

② 打开生单窗口：双击"发货单"菜单项，单击工具栏中的"增加"按钮，弹出"查询条件—参照订单"对话框，单击"确定"按钮，打开"参照生单"窗口。

③ 生单：选中本业务销售订单，单击工具栏中的"确定"按钮，生成一张发货单。在表体部分设置"仓库名称"为"受托代销仓库"，其他项默认。

④ 保存、审核：依次单击工具栏中的"保存"及"审核"按钮，完成销售发货任务，结果如图5-3-5所示。

图 5-3-5　销售发货单

⑤ 退出：单击窗口中的"关闭"按钮，退出任务窗口。

3. **X01 销售开票**

① 路径指引：依次展开"业务导航/供应链/销售管理/销售开票/销售专用发票"菜单项。

② 打开生单窗口：双击"销售专用发票"菜单项，打开"销售专用发票"窗口。单击工具栏中的"增加"按钮，弹出"查询条件—参照订单"对话框，单击"取消"按钮。单击工具栏中的"参照/参照发货单"命令，弹出"查询条件—发票参照发货单"对话框，单击"确定"按钮，打开"参照生单"窗口。

③ 生单：选中本业务发货单，单击工具栏中的"确定"按钮，生成一张销售专用发票。在表头部分修改"发票号"为"03755654"，其他项默认。编辑完毕，单击工具栏中的"保存"按钮。

④ 现结：单击工具栏中的"现结"按钮，打开"现结"对话框，录入"结算方式"为"电汇"、"原币金额"为"440,700.00"、"票据号"为"15686298"，单击"确定"按钮，此时窗口左上方出现"现结"字样。

⑤ 复核：单击工具栏中的"复核"按钮，完成发票开具任务，结果如图5-3-6所示。

⑥ 退出：单击窗口中的"关闭"按钮，退出任务窗口。

图 5-3-6　开具销售专用发票

4. **C01 销售出库**

① 角色登录：以"仓管C01，操作日期2022年5月15日"登录企业应用平台。

② 路径指引：依次展开"业务导航/供应链/库存管理/销售出库/销售出库单"菜单项。

③ 打开生单窗口：双击"销售出库单"菜单项，打开"销售出库单"窗口。单击"增加/销售发货单"命令，弹出"查询条件—销售发货单列表"对话框，单击"确定"按钮，打开"销售生单"窗口。

④ 审核：选中本业务发货单，单击工具栏中的"确定"按钮，生成一张销售出库单。依次单击工具栏中的"保存""审核"按钮，弹出审核成功信息提示框，单击"确定"按钮，完成销售出库任务，结果如图5-3-7所示。

⑤ 退出：单击窗口中的"关闭"按钮，退出任务窗口。

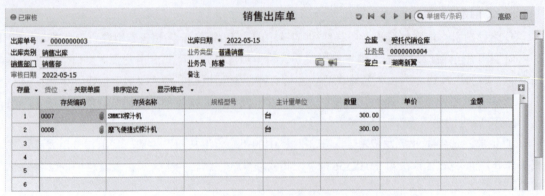

图 5-3-7　销售出库单

5. W02 发票审核

① 角色登录：以"会计 W02，操作日期 2022 年 5 月 15 日"登录企业应用平台。

② 路径指引：依次展开"业务导航/财务会计/应收款管理/应收处理/销售处理/销售发票审核"菜单项。

③ 打开审核窗口：双击"销售发票审核"菜单项，单击"查询"按钮，弹出"查询条件—发票查询"对话框，单击"确定"按钮，打开"销售发票列表"窗口。

④ 审核：选中本业务的销售发票，单击工具栏中的"审核"按钮，弹出审核成功信息提示框，完成发票审核任务。

⑤ 退出：单击窗口中的"关闭"按钮，退出任务窗口。

6. W02 归集销售税金凭证

① 路径指引：依次展开"业务导航/财务会计/应收款管理/凭证处理/生成凭证"菜单项。

② 打开制单窗口：双击"生成凭证"菜单项，弹出"制单查询"窗口，取消选中"发票"选项，选中"现结"选项，单击"确定"按钮，打开"制单"窗口。

③ 制单：选中本业务的销售发票，单击工具栏中的"制单"按钮，生成凭证信息(借记：银行存款/工行存款，贷记：主营业务收入、应交税费/应交增值税/销项税额)。

④ 保存：单击工具栏中的"保存"按钮，完成销售税金凭证任务，结果如图 5-3-8 所示。

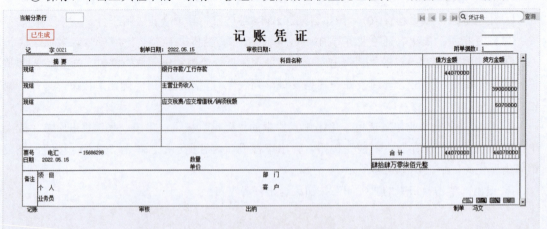

图 5-3-8　销售专用发票凭证

⑤退出：单击窗口中的"关闭"按钮，退出任务窗口。

7. W02 正常单据记账

①路径指引：依次展开"业务导航/供应链/存货核算/记账/正常单据记账"菜单项。

②打开记账窗口：双击"正常单据记账"菜单项，单击"查询"按钮，弹出"查询条件"对话框，单击"确定"按钮，打开"未记账单据一览表"窗口。

③记账：选中本业务的销售发票，单击工具栏中的"记账"按钮，弹出记账成功信息提示框，单击"确定"按钮，完成记账任务。

④退出：单击窗口中的"关闭"按钮，退出任务窗口。

8. W02 归集销售成本凭证

①路径指引：依次展开"业务导航/供应链/存货核算/凭证处理/生成凭证"菜单项。

②打开制单窗口：双击"生成凭证"菜单项，打开"选择单据"窗口。单击工具栏中的"选单"按钮，弹出"查询条件—生成凭证查询条件"对话框，单击"确定"按钮，打开"选择单据"窗口。

③制单：选中本业务的销售发票，单击工具栏中的"确定"按钮，再单击"合并制单"按钮，生成凭证信息(借记：主营业务成本，贷记：受托代销商品)。

④保存：单击工具栏中的"保存"按钮，完成销售成本凭证任务，结果如图5-3-9所示。

⑤退出：单击窗口中的"关闭"按钮，退出任务窗口。

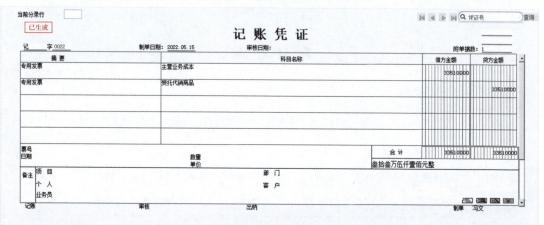

图 5-3-9 销售成本凭证

实训四 直运销售业务

实训任务

2022年5月16日，嘉益达电器公司与上海美家百货公司签订销售合同，同时与武汉嘉瑞科技有限公司签订采购合同。原始单据可参见图5-4-1、图5-4-2、图5-4-3和图5-4-4。

购 销 合 同

NO：XS00004

卖方：北京嘉益达电器有限公司
买方：上海美家百货公司

为保护买卖双方的合法权益，买卖双方根据《中华人民共和国民法典》的有关规定，经友好协商，一致同意签订本合同并共同遵守。

一、货物的名称、数量及金额

货物名称	规格型号	计量单位	数量	单价(不含税)	金额(不含税)	税率	税额
复古胶囊咖啡机	半自动	台	300	2,500.00	750,000.00	13%	97,500.00
雀巢F11胶囊咖啡机	全自动	台	300	1,800.00	540,000.00	13%	70,200.00
合计			600		￥1,290,000.00		￥167,700.00

二、合同总金额：人民币壹佰肆拾伍万柒仟柒佰元整(￥1,457,700.00)
三、交易约定
1. 交货日期：2022年5月16日。
2. 付款时间：6月19日前付款。
3. 结算方式：转账支票。
4. 交货地点：上海美家百货公司。
5. 发运方式与运输费用承担方式：由卖方发货，运输费用由买方承担。

卖　方：北京嘉益达电器有限公司　　　买　方：上海美家百货公司
授权代表：陈馨　　　　　　　　　　　授权代表：刘强
日　　期：2022年5月16日　　　　　　日　　期：2022年5月16日

图 5-4-1　购销合同 1

购 销 合 同

NO：CG00003

卖方：武汉嘉瑞科技有限公司
买方：北京嘉益达电器有限公司

为保护买卖双方的合法权益，买卖双方根据《中华人民共和国民法典》的有关规定，经友好协商，一致同意签订本合同并共同遵守。

一、货物的名称、数量及金额

货物名称	规格型号	计量单位	数量	单价(不含税)	金额(不含税)	税率	税额
复古胶囊咖啡机	半自动	台	300	2,340.00	702,000.00	13%	91,260.00
雀巢F11胶囊咖啡机	全自动	台	300	1,688.00	506,400.00	13%	65,832.00
合计			600		￥1,208,400.00		￥157,092.00

二、合同总金额：人民币壹佰叁拾陆万伍仟肆佰玖拾贰元整(￥1,365,492.00)
三、交易约定
1. 交货日期：2022年5月16日。
2. 付款时间：6月19日前付款。
3. 结算方式：转账支票。
4. 交货地点：上海美家百货公司。
5. 发运方式与运输费用承担方式：由卖方发货，运输费用由买方承担。

卖　方：武汉嘉瑞科技有限公司　　　买　方：北京嘉益达电器有限公司
授权代表：习远　　　　　　　　　　授权代表：李钊
日　　期：2022年5月16日　　　　　日　　期：2022年5月16日

图 5-4-2　购销合同 2

北京增值税专用发票

1100171201　　　　　NO 03755655
开票日期：2022年05月16日

购货单位	名　　称：上海美家百货公司
	纳税人识别号：7894616549841156
	地　址、电话：上海市黄浦区光纤路47号　021-31000128
	开户行及账号：工行上海黄浦支行　6228945165151156

密码区　略

货物或应税劳务、服务名称	规格型号	单位	数量	单价	金额	税率	税额
复古胶囊咖啡机	半自动	台	300	2,500.00	750,000.00	13%	97,500.00
雀巢F11胶囊咖啡机	全自动	台	300	1,800.00	540,000.00	13%	70,200.00
合　　计					¥1,290,000.00		¥167,700.00

价税合计（大写）　壹佰肆拾伍万柒仟柒佰元整　　（小写）¥1,457,700.00

销货单位	名　　称：北京嘉益达电器有限公司
	纳税人识别号：235020971DK0011
	地　址、电话：北京市朝阳区桥北路105号　010-53714456
	开户行及账号：中国工商银行北京朝阳支行　62248354910225229

备注：（北京嘉益达电器有限公司　235020971DK0011　发票专用章）

收款人：（略）　复核：（略）　开票人：（略）　销货单位：（章）

第一联：记账联 销货方记账凭证

图 5-4-3　销售专用发票

湖北增值税专用发票

1100172224　　　　　NO 03755654
开票日期：2022年05月16日

购货单位	名　　称：北京嘉益达电器有限公司
	纳税人识别号：235020971011
	地　址、电话：北京市朝阳区桥北路105号　010-53714456
	开户行及账号：中国工商银行北京朝阳支行　62248354910225229

密码区　略

货物或应税劳务、服务名称	规格型号	单位	数量	单价	金额	税率	税额
复古胶囊咖啡机	半自动	台	300	2,340.00	702,000.00	13%	91,260.00
雀巢F11胶囊咖啡机	全自动	台	300	1,688.00	506,400.00	13%	65,832.00
合　　计					¥1,208,400.00		¥157,092.00

价税合计（大写）　壹佰叁拾陆万伍仟肆佰玖拾贰元整　　（小写）¥1,365,492.00

销货单位	名　　称：武汉嘉瑞科技有限公司
	纳税人识别号：385618493629484567
	地　址、电话：武汉市朝阳大道101号　027-85395115
	开户行及账号：武汉工行武汉城建支行　6221919841561560

备注：（武汉嘉瑞科技有限公司　385618493629484567　发票专用章）

收款人：（略）　复核：（略）　开票人：（略）　销货单位：（章）

第三联：记账联 销货方记账凭证

图 5-4-4　采购专用发票

任务解析

1. 背景知识

直运销售是指商品无须入库即可完成的购销业务。客户向企业订购商品，双方签订销售合同；企业向供应商采购商品，与供货单位签订采购合同，供应商直接将商品发运给客户，结算时，由购销双方分别与企业进行结算，不通过"库存商品"科目。采用直运商品销售方式，可以减少商品出入库手续，有利于加速商品流转，节约商品流通费用。

直运销售的存货一般为大型机械、大型设备等不宜运输的存货。直运销售业务流程如图5-4-5所示。

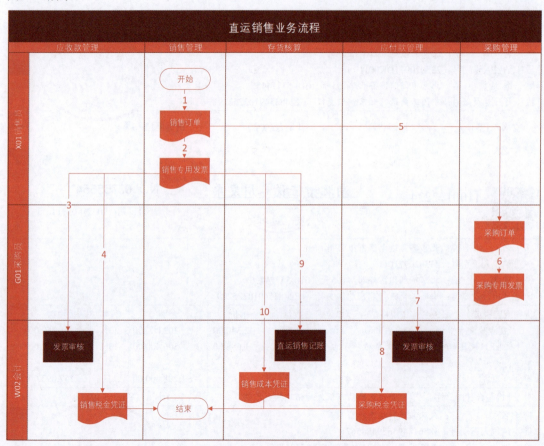

图 5-4-5　直运销售业务流程

2. 岗位说明

销售X01完成销售管理系统的相关操作。
采购G01完成采购管理系统的相关操作。
会计W02完成存货核算、应收款管理系统和应付款管理系统的相关操作。

实训指引

1. X01 销售合同

① 角色登录：以“销售X01，操作日期2022年5月16日”登录企业应用平台。

② 路径指引：依次展开“业务导航/供应链/销售管理/销售订货/销售订单”菜单项。

③ 打开生单窗口：双击“销售订单”菜单项，打开“销售订单”窗口。

④ 生单：单击工具栏中的“增加”按钮，增加一张销售订单，编辑如下信息。

- 表头部分：“订单号”为“XS00004”，“业务类型”为“直运销售”，“销售类型”为“直运销售”，“客户简称”为“上海美家”，“销售部门”为“销售部”，“业务员”为“陈馨”，其他项默认。
- 表体部分：第1行“存货”为“0002/复古胶囊咖啡机半自动”，“数量”为“300”，“无税单价”为“2,500.00”；第2行“存货”为“0003/雀巢F11胶囊咖啡机全自动”，“数量”为“300”，“无税单价”为“1,800.00”，其他项默认。

⑤ 保存、审核：依次单击工具栏中的“保存”及“审核”按钮，完成销售合同的填制任务，结果如图5-4-6所示。

⑥ 退出：单击窗口中的“关闭”按钮，退出任务窗口。

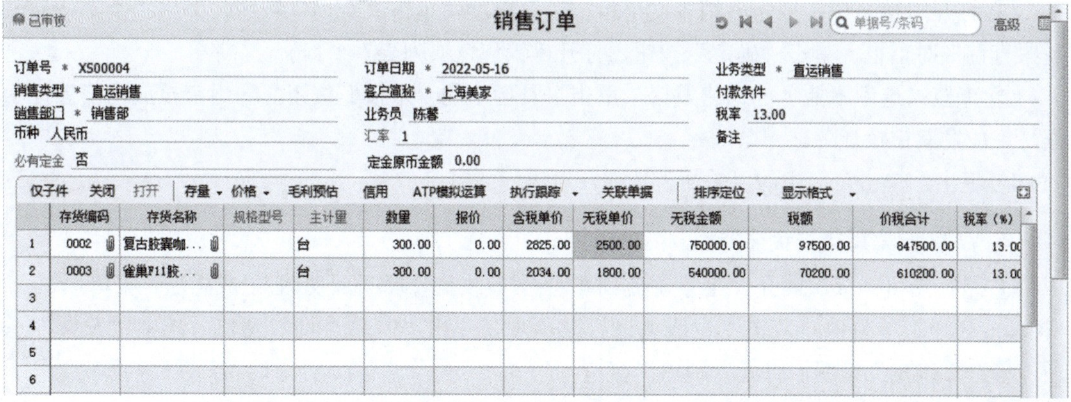
已审核　销售订单　单据号/条码　高级

订单号 * XS00004　订单日期 * 2022-05-16　业务类型 * 直运销售
销售类型 * 直运销售　客户简称 * 上海美家　付款条件
销售部门 * 销售部　业务员 陈馨　税率 13.00
币种 人民币　汇率 1　备注
必有定金 否　定金原币金额 0.00

仅子件　关闭　打开　存量　价格　毛利预估　信用　ATP模拟运算　执行跟踪　关联单据　排序定位　显示格式

	存货编码	存货名称	规格型号	主计量	数量	报价	含税单价	无税单价	无税金额	税额	价税合计	税率（%）
1	0002	复古胶囊咖...		台	300.00	0.00	2825.00	2500.00	750000.00	97500.00	847500.00	13.00
2	0003	雀巢F11胶...		台	300.00	0.00	2034.00	1800.00	540000.00	70200.00	610200.00	13.00
3												
4												
5												
6												

图 5-4-6　销售订单

2. X01 销售开票

① 路径指引：依次展开“业务导航/供应链/销售管理/销售开票/销售专用发票”菜单项。

② 打开生单窗口：双击“销售专用发票”菜单项，打开“销售专用发票”窗口。单击工具栏中的“增加”按钮，弹出“查询条件—参照订单”对话框，单击“取消”按钮。编辑“业务类型”为“直运销售”，“销售类型”为“直运销售”，单击工具栏中的“参照/参照订单”命令，弹出“查询条件—参照订单”对话框，单击“确定”按钮，打开“参照生单”窗口。

③ 生单：选中本业务的订单，单击工具栏中的“确定”按钮，生成一张销售专用发票。在表头部分设置“发票号”为“03755655”，其他项默认。

④ 保存、复核：依次单击工具栏中的“保存”和“复核”按钮，完成发票开具任务，结果如图5-4-7所示。

⑤ 退出：单击窗口中的“关闭”按钮，退出任务窗口。

图 5-4-7 开具销售专用发票

3. W02 发票审核

① 角色登录：以"会计W02，操作日期2022年5月16日"登录企业应用平台。

② 路径指引：依次展开"业务导航/财务会计/应收款管理/应收处理/销售处理/销售发票审核"菜单项。

③ 打开审核窗口：双击"销售发票审核"菜单项，单击"查询"按钮，弹出"查询条件—发票查询"对话框，单击"确定"按钮，打开"销售发票列表"窗口。

④ 审核：选中本业务的销售发票，单击工具栏中的"审核"按钮，弹出审核成功信息提示框，完成发票审核任务。

⑤ 退出：单击窗口中的"关闭"按钮，退出任务窗口。

4. W02 归集销售税金凭证

① 路径指引：依次展开"业务导航/财务会计/应收款管理/凭证处理/生成凭证"菜单项。

② 打开制单窗口：双击"生成凭证"菜单项，弹出"制单查询"窗口，选中"发票"选项，单击"确定"按钮，打开"制单"窗口。

③ 制单：选中本业务的销售发票，单击工具栏中的"制单"按钮，生成凭证信息(借记：应收账款，贷记：主营业务收入、应交税费/应交增值税/销项税额)。

④ 保存：单击工具栏中的"保存"按钮，完成销售税金凭证任务，结果如图5-4-8所示。

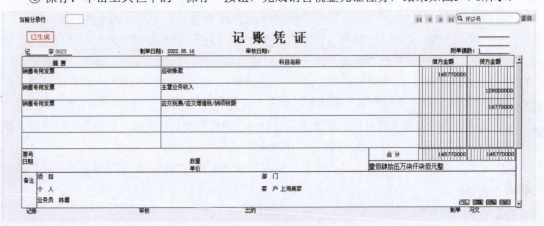

图 5-4-8 销售专用发票凭证

⑤ 退出：单击窗口中的“关闭”按钮，退出任务窗口。

5. G01 填制采购合同

① 角色登录：以“采购G01，操作日期2022年5月16日”登录企业应用平台。

② 路径指引：依次展开“业务导航/供应链/采购管理/采购订货/采购订单”菜单项。

③ 打开生单窗口：双击“采购订单”菜单项，打开“采购订单”窗口，单击工具栏中的“增加”按钮，增加一张采购订单，修改“业务类型”为“直运采购”，“采购类型”为“直运采购”，单击工具栏中的“参照/销售订单”命令，弹出“查询条件—单据列表过滤”对话框，单击“确定”按钮，打开“拷贝并执行”窗口。

④ 生单：选择本业务的销售订单，单击工具栏中的“确定”按钮，生成一张采购订单，编辑如下信息。

- 表头部分：“订单号”为“CG00003”，“供应商”为“武汉嘉瑞”，“采购类型”为“直运采购”，“部门”为“采购部”，“业务员”为“杨杰”，其他项默认。
- 表体部分：第1行“存货”为“0002/复古胶囊咖啡机半自动”，原币单价为“2,340.00”；第2行“存货”为“0003/雀巢F11胶囊咖啡机全自动”，原币单价为“1,688.00”，其他项默认。

⑤ 保存、审核：依次单击工具栏中的“保存”及“审核”按钮，完成采购合同填制任务，结果如图5-4-9所示。

⑥ 退出：单击窗口中的“关闭”按钮，退出任务窗口。

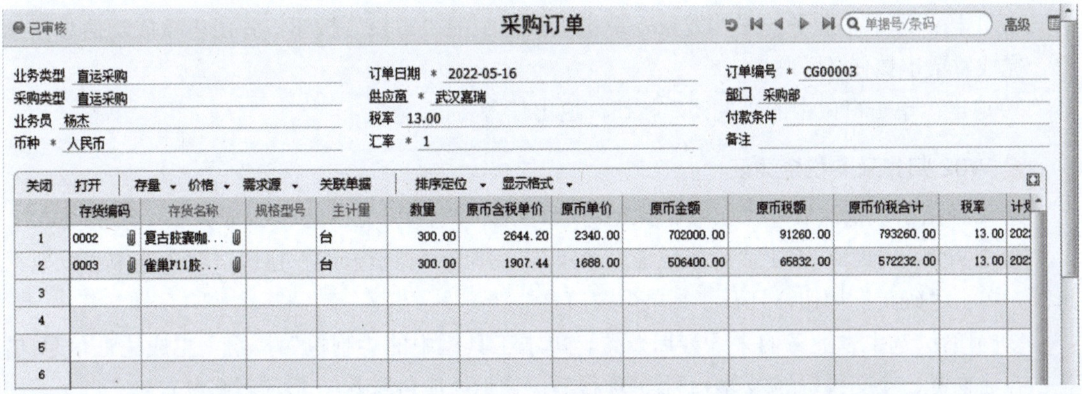

已审核　采购订单　单据号/条码　高级

业务类型 直运采购　订单日期 * 2022-05-16　订单编号 * CG00003
采购类型 直运采购　供应商 * 武汉嘉瑞　部门 采购部
业务员 杨杰　税率 13.00　付款条件
币种 * 人民币　汇率 * 1　备注

关闭　打开　存量　价格　需求源　关联单据　排序定位　显示格式

	存货编码	存货名称	规格型号	主计量	数量	原币含税单价	原币单价	原币金额	原币税额	原币价税合计	税率	计划
1	0002	复古胶囊咖...		台	300.00	2644.20	2340.00	702000.00	91260.00	793260.00	13.00	202
2	0003	雀巢F11胶...		台	300.00	1907.44	1688.00	506400.00	65832.00	572232.00	13.00	202
3												
4												
5												
6												

图 5-4-9　采购订单

6. G01 采购开票

① 路径指引：依次展开“业务导航/供应链/采购管理/采购发票/专用采购发票”菜单项。

② 打开生单窗口：双击“采购专用发票”菜单项，打开“专用发票”窗口。单击工具栏中的“增加”按钮，增加一张采购专用发票，编辑“业务类型”为“直运采购”，“采购类型”为“直运采购”，单击工具栏中的“参照/采购订单”命令，弹出“查询条件—单据列表过滤”对话框，单击“确定”按钮，打开“拷贝并执行”窗口。

③ 编辑：选择本业务的采购订单，单击工具栏中的“确定”按钮，返回采购专用发票。在表头部分设置“发票号”为“03755654”，其他项默认。

④ 保存：单击工具栏中的“保存”“复核”按钮，完成发票开具任务，结果如图5-4-10所示。

图 5-4-10　开具采购专用发票

⑤ 退出：单击窗口中的"关闭"按钮，退出任务窗口。

7. W02 发票审核

① 角色登录：以"会计W02，操作日期2022年5月16日"登录企业应用平台。

② 路径指引：依次展开"业务导航/财务会计/应付款管理/应付处理/采购发票/采购发票审核"菜单项。

③ 打开审核窗口：双击"采购发票审核"菜单项，弹出"采购发票列表"对话框，单击"查询"按钮，打开"查询条件—发票查询"对话框，单击"确定"按钮。

④ 审核：选中本业务的采购发票，单击工具栏中的"审核"按钮，弹出审核成功信息提示框，完成发票审核任务。

⑤ 退出：单击窗口中的"关闭"按钮，退出任务窗口。

8. W02 归集采购税金凭证

① 路径指引：依次展开"业务导航/财务会计/应付款管理/凭证处理/生成凭证"菜单项。

② 打开制单窗口：双击"生成凭证"菜单项，弹出"制单查询"窗口，默认选中"发票"选项，单击"确定"按钮，打开"制单"窗口。

③ 制单：选中本业务的采购专用发票，单击工具栏中的"制单"按钮，生成凭证信息(借记：在途物资、应交税费/应交增值税/进项税额；贷记：应付账款/一般应付账款)。

④ 保存：单击工具栏中的"保存"按钮，完成销售税金凭证任务，结果如图5-4-11所示。

⑤ 退出：单击窗口中的"关闭"按钮，退出任务窗口。

9. W02 直运销售记账

① 路径指引：依次展开"业务导航/供应链/存货核算/记账/直运销售记账"菜单项。

② 打开记账窗口：双击"直运销售记账"菜单项，弹出"直运采购发票核算查询条件"对话框，单击"确定"按钮，打开"未记账单据一览表"窗口。

③ 记账：选中本业务的采购和销售专用发票，单击工具栏中的"记账"按钮，弹出记账成功信息提示框，单击"确定"按钮，完成记账任务。

④ 退出：单击窗口中的"关闭"按钮，退出任务窗口。

图 5-4-11　采购专用发票凭证

10. W02 归集销售成本凭证

① 路径指引：依次展开"业务导航/供应链/存货核算/凭证处理/生成凭证"菜单项。

② 打开制单窗口：双击"生成凭证"菜单项，单击工具栏中的"选单"按钮，在系统弹出的"查询条件—生成凭证查询条件"对话框中，单击"确定"按钮，打开"选择单据"窗口。

③ 制单：选中本业务的销售发票，单击工具栏中的"合并制单"按钮，生成凭证信息(借记：主营业务成本；贷记：在途物资)。

④ 保存：单击工具栏中的"保存"按钮，完成销售成本凭证任务，结果如图5-4-12所示。

⑤ 退出：单击窗口中的"关闭"按钮，退出任务窗口。

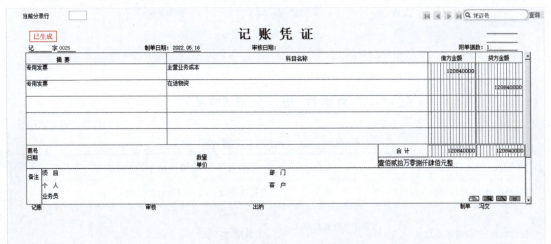

图 5-4-12　销售成本凭证

❖ **特别提醒：**

☆ 该笔采购专用发票的凭证，也可以在应付款管理系统中生成。在会计技能大赛中，背景资料一般会说明该笔凭证来源于哪个系统，若没有给出，则应付款管理和存货核算这两个系统生成的凭证都是正确的。

实训五　销售退货业务

实训任务

2022年5月20日，销售商品存在质量问题，开出红字发票并支付款项。原始单据可参见图5-5-1和图5-5-2。(Toffy电烤箱单位成本为429.00元)

图5-5-1　红字销售专用发票

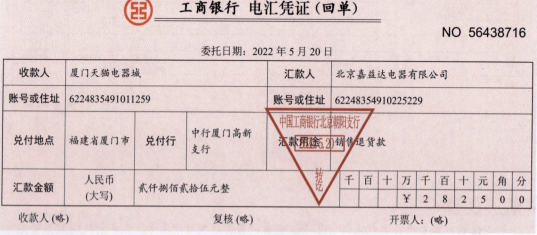

图5-5-2　电汇凭证

任务解析

1. 背景知识

销售退货业务是指客户因货物质量、品种、数量不符合要求或其他原因,而将已购货物退回给本单位的业务。销售退货与正常销售的流程基本相同,若销售退货时未开票及未出库,则可直接修改或作废发货单;若销售退货时已开票,则需要先填写退货单,审核退货单时系统自动生成红字销售出库单,到库房办理入库手续,再根据退货单开具红字销售发票。

销售退货单是发货单的红字单据,可以处理客户的退货业务。退货单也可以处理换货业务,货物发出后客户要求换货,则用户先按照客户要求对退货的货物开退货单,然后再按照客户所换的货物开发货单。

销售退货业务流程如图5-5-3所示。

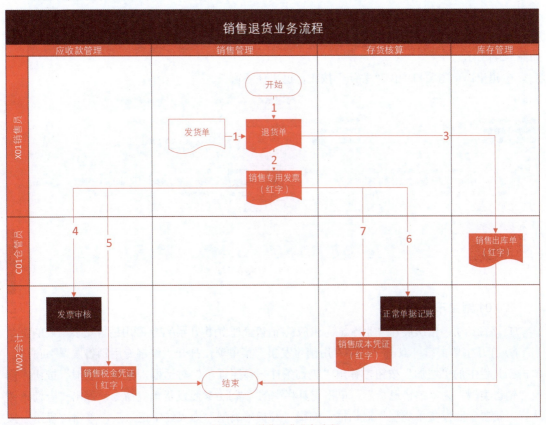

图 5-5-3　销售退货业务流程

2. 岗位说明

销售X01完成销售管理系统的相关操作。
仓管C01完成库存管理系统的相关操作。
会计W02完成存货核算和应收款管理系统的相关操作。

实训指引

1. X01 销售退货

① 角色登录：以"销售X01，操作日期2022年5月20日"登录企业应用平台。

② 路径指引：依次展开"业务导航/供应链/销售管理/销售发货/退货单"菜单项。

③ 打开生单窗口：双击"退货单"菜单项，打开"退货单"窗口。单击工具栏中的"增加"按钮，弹出"查询条件—参照订单"对话框，单击"确定"按钮，打开"参照生单"窗口。

④ 生单：选中本业务的出库单及对应的存货，单击工具栏中的"确定"按钮，生成一张退货单，编辑如下信息。

- 表头部分："销售类型"为"销售退货"，其他项默认。
- 表体部分："仓库名称"为"02/电烤箱仓库"，"数量"为"-5"，其他项默认。

⑤ 保存、审核：依次单击工具栏中的"保存"及"审核"按钮，完成销售退货任务，结果如图5-5-4所示。

⑥ 退出：单击窗口中的"关闭"按钮，退出任务窗口。

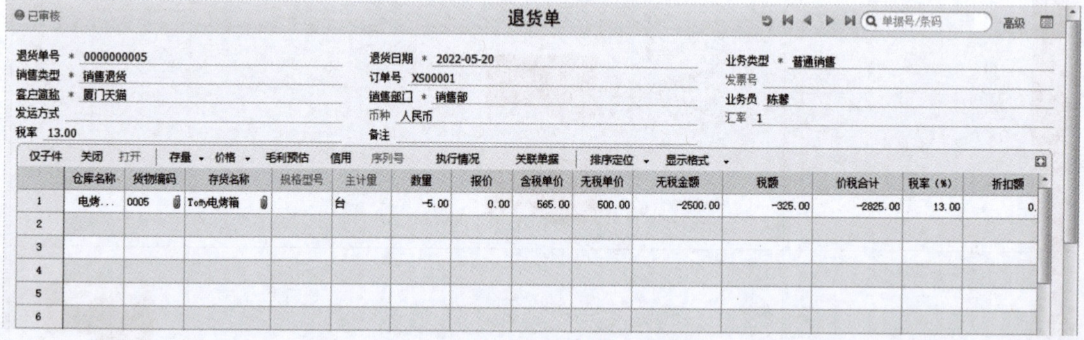

图 5-5-4 退货单

2. X01 销售开票

① 路径指引：依次展开"业务导航/供应链/销售管理/销售开票/红字专用销售发票"菜单项。

② 打开生单窗口：双击"红字专用销售发票"菜单项，打开"红字专用销售发票"窗口。单击工具栏中的"增加"按钮，弹出"查询条件—参照订单"对话框，单击"取消"按钮。修改"销售类型"为"销售退货"，单击工具栏中的"参照/参照发货单"命令，弹出"查询条件选择—发票参照发货单类型"对话框，编辑"发货单类型"为"红字记录"，单击"确定"按钮，打开"参照生单"窗口。

③ 生单：选中本业务的退货单，单击工具栏中的"确定"按钮，生成一张红字销售专用发票。在表头部分设置"发票号"为"03755656"，其他项默认。编辑完毕，单击工具栏中的"保存"按钮。

④ 现结：单击工具栏中的"现结"按钮，打开"现结"对话框，录入"结算方式"为"电汇"，"原币金额"为"-2,825.00"，"票据号"为"56438716"，单击"确定"按钮，此时窗口左上方出现"现结"字样。

⑤ 复核：单击工具栏中的"复核"按钮，完成发票开具任务，结果如图5-5-5所示。

⑥ 退出：单击窗口中的"关闭"按钮，退出任务窗口。

图 5-5-5　开具红字销售专用发票

3. C01 销售出库

① 角色登录：以"仓管C01，操作日期2022年5月20日"登录企业应用平台。

② 路径指引：依次展开"业务导航/供应链/库存管理/销售出库/销售出库单"菜单项。

③ 打开生单窗口：双击"销售出库单"菜单项，打开"销售出库单"窗口。单击"增加/销售发货单"命令，弹出"查询条件—销售发货单列表"对话框，单击"确定"按钮，打开"销售生单"窗口

④ 审核：选中本业务的发货单，单击工具栏中的"确定"按钮，生成一张销售出库单。依次单击工具栏中的"保存""审核"按钮，弹出审核成功信息提示框，单击"确定"按钮，完成销售出库任务，结果如图5-5-6所示。

⑤ 退出：单击窗口中的"关闭"按钮，退出任务窗口。

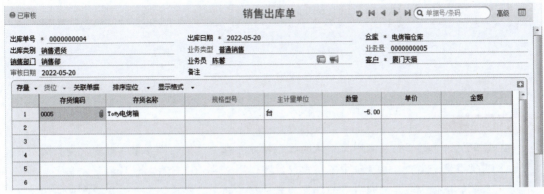

图 5-5-6　红字销售出库单

4. W02 发票审核

① 角色登录：以"会计W02，操作日期2022年5月20日"登录企业应用平台。

② 路径指引：依次展开"业务导航/财务会计/应收款管理/应收处理/销售发票/销售发票审核"菜单项。

③ 打开制单窗口：双击"生成凭证"菜单项，弹出"制单查询"窗口，取消选中"发票"选项，选中"现结"选项，单击"确定"按钮，打开"现结列表"窗口。

④ 审核：选中本业务的销售发票，单击工具栏中的"审核"按钮，弹出审核成功信息提示框，完成审核发票任务。

⑤ 退出：单击窗口中的"关闭"按钮，退出任务窗口。

5. W02 归集销售税金凭证

① 路径指引：依次展开"业务导航/财务会计/应收款管理/凭证处理/生成凭证"菜单项。

② 打开制单窗口：双击"制单处理"菜单项，弹出"制单查询"窗口，选中"发票制单"及"现结制单"选项，单击"确定"按钮，打开"制单"窗口。

③ 制单：选中本业务的销售发票，单击工具栏中的"制单"按钮，生成凭证信息(借记：银行存款/工行存款；贷记：主营业务收入、应交税费/应交增值税/销项税额，均为红字)。

④ 保存：单击工具栏中的"保存"按钮，完成销售税金凭证任务，结果如图5-5-7所示。

⑤ 退出：单击窗口中的"关闭"按钮，退出任务窗口。

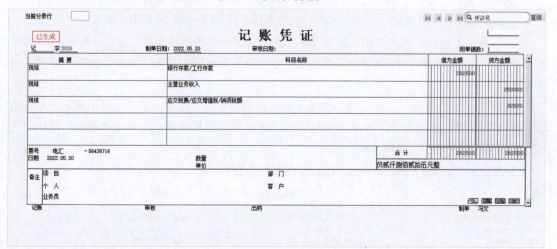

图 5-5-7 红字销售专用发票凭证

❖ **特别提醒：**

　　◇ 该笔凭证中的银行存款科目默认为红字借方，在会计技能比赛中，若背景资料明确说明货币资金类科目在凭证中不得出现红字，则需要将银行存款科目调整方向，例如，本笔凭证借方红字的银行存款调整为贷方黑字的银行存款。注意，在没有说明的情况下，默认系统自动生成的方向即可。

6. W02 正常单据记账

① 路径指引：依次展开"业务导航/供应链/存货核算/记账/正常单据记账"菜单项。

② 打开记账窗口：双击"正常单据记账"菜单项，单击"查询"按钮，弹出"查询条件"对话框，单击"确定"按钮，打开"未记账单据一览表"窗口。

③ 记账：选中本业务的销售发票，单击工具栏中的"记账"按钮，弹出"手工输入单价列表"窗口，录入"单价"为"429.00"，单击工具栏中的"确定"按钮，弹出记账成功信息提示框，单击"确定"按钮，完成记账任务。

④ 退出：单击窗口中的"关闭"按钮，退出任务窗口。

7. W02 归集销售成本凭证

① 路径指引：依次展开"业务导航/供应链/存货核算/凭证处理/生成凭证"菜单项。

② 打开制单窗口：双击"生成凭证"菜单项，打开"选择单据"窗口，单击工具栏中的"选单"按钮，弹出"查询条件—生成凭证查询条件"对话框，单击"确定"按钮，打开"选择单据"窗口。

③ 制单：选中本业务的销售发票，单击工具栏中的"生成"按钮，生成凭证信息(借记：主营业务成本，贷记：库存商品；均为红字)。

④ 保存：单击工具栏中的"保存"按钮，完成销售成本凭证任务，结果如图5-5-8所示。

⑤ 退出：单击窗口中的"关闭"按钮，退出任务窗口。

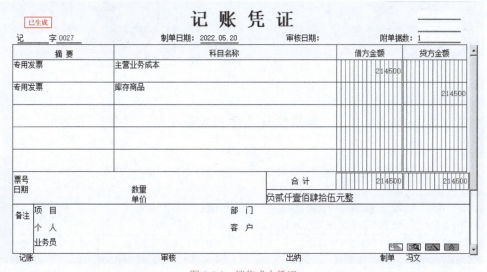

图 5-5-8　销售成本凭证

实训六　分批发货业务

实训任务

2022年5月20日，与厦门天猫电器城签订销售合同。原始单据可参见图5-6-1、图5-6-2和图5-6-3。

购 销 合 同

NO：XS00005

卖方：北京嘉益达电器有限公司
买方：厦门天猫电器城

为保护买卖双方的合法权益，买卖双方根据《中华人民共和国民法典》的有关规定，经友好协商，一致同意签订本合同并共同遵守。

一、货物的名称、数量及金额

货物名称	规格型号	计量单位	数量	单价(不含税)	金额(不含税)	税率	税额
意式家用咖啡机	全自动	台	250	4,000.00	1,000,000.00	13%	130,000.00
合计			250		¥1,000,000.00		¥130,000.00

二、合同总金额：人民币壹佰壹拾叁万元整(¥1,130,000.00)
三、交易约定
1. 交货日期：2022年5月20日。
2. 付款时间：签订合同当日买方向卖方支付全部货款。
3. 结算方式：转账支票。
4. 交货地点：北京嘉益达电器有限公司。
5. 发运方式与运输费用承担方式：由卖方发货，运输费用由买方承担。

卖　方：北京嘉益达电器有限公司　　　　买　方：厦门天猫电器城
授权代表：陈馨　　　　　　　　　　　　授权代表：魏强
日　　期：2022年5月20日　　　　　　　日　　期：2022年5月20日

图 5-6-1　销售合同

北京增值税专用发票

1100178567　　　　　　　　　　　　　　　NO 03755657
　　　　　　　　　　发票联　　　　　　　开票日期：2022年05月20日

购货单位	名　　称：	厦门天猫电器城				密码区	略		第三联：记账联 销货方记账凭证
	纳税人识别号：	350100570995628							
	地址、电话：	福建省厦门市思明区体育路48号 0592-5371887							
	开户行及账号：	中行厦门高新支行 6224835491011259							

货物或应税劳务、服务名称	规格型号	单位	数量	单价	金额	税率	税额
意式家用咖啡机	全自动	台	250	4,000.00	1,000,000.00	13%	130,000.00
合　计					¥1,000,000.00		¥130,000.00

价税合计(大写)　　壹佰壹拾叁万元整　　　　　　　(小写) ¥1,130,000.00

销货单位	名　　称：	北京嘉益达电器有限公司	备注
	纳税人识别号：	235020971DK0011	
	地址、电话：	北京市朝阳区桥北路105号 010-53714656	
	开户行及账号：	中国工商银行北京朝阳支行 62248354910225229	

收款人：(略)　　　复核：(略)　　　开票人：(略)　　　销货单位：(章)

图 5-6-2　销售专用发票

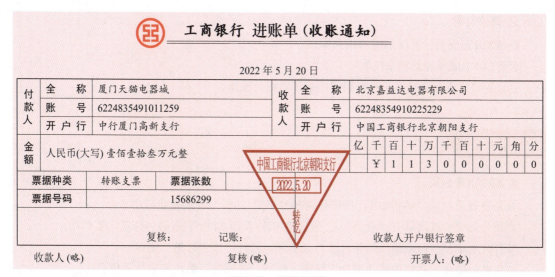

图 5-6-3　银行进账单

21日，向厦门天猫电器城发出第二批货。

任务解析

1. 背景知识

分批发货业务是指商品已经售出，分批次发货的一种销售方式。业务处理流程同实训一普通销售业务基本一致，区别在于分多次发货和出库，如图5-6-4所示。

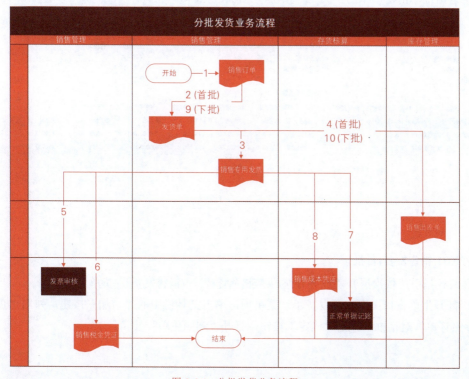

图 5-6-4　分批发货业务流程

2. 岗位说明

销售X01完成销售管理系统的相关操作。

仓管C01完成库存管理系统的相关操作。

会计W02完成存货核算和应收款管理系统的相关操作。

实训指引

1. X01 销售合同

① 角色登录：以"销售X01，操作日期2022年5月20日"登录企业应用平台。

② 路径指引：依次展开"业务导航/供应链/销售管理/销售订货/销售订单"菜单项。

③ 打开生单窗口：双击"销售订单"菜单项，打开"销售订单"窗口。

④ 生单：单击工具栏中的"增加"按钮，新增一张销售订单，编辑如下信息。

- 表头部分："订单号"为"XS00005"，"客户简称"为"厦门天猫"，"销售部门"为"销售部"，"业务员"为"陈馨"，其他项默认。
- 表体部分：第1行"存货"为"0001/意式家用咖啡机全自动"，"数量"为"150"，"无税单价"为"4,000.00"；第2行"存货"为"0001/意式家用咖啡机全自动"，"数量"为"100"，"无税单价"为"4,000.00"，"预发货日期"为"2022-05-21"，其他项默认。

⑤ 保存、审核：依次单击工具栏中的"保存"及"审核"按钮，完成销售合同的填制任务，结果如图5-6-5所示。

⑥ 退出：单击窗口中的"关闭"按钮，退出任务窗口。

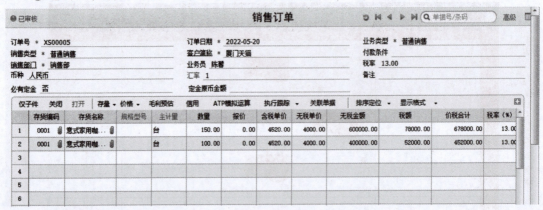

图 5-6-5　销售订单

2. X01 销售发货(首批)

① 路径指引：依次展开"业务导航/供应链/销售管理/销售发货/发货单"菜单项。

② 打开生单窗口：双击"发货单"菜单项，单击工具栏中的"增加"按钮，弹出"查询条件—参照订单"对话框，单击"确定"按钮，打开"参照生单"窗口。

③ 生单：选择本任务的销售订单及存货行，单击工具栏中的"确定"按钮，生成一张发货单。在表体部分设置"仓库名称"为"01/咖啡机仓库"，其他项默认。

④ 保存、审核：依次单击工具栏中的"保存""审核"按钮，完成销售发货任务，结果如图5-6-6所示。

⑤ 退出：单击窗口中的"关闭"按钮，退出任务窗口。

图 5-6-6　销售发货单

3. X01 销售开票

① 路径指引：依次展开"业务导航/供应链/销售管理/销售开票/销售专用发票"菜单项。

② 打开生单窗口：双击"销售专用发票"菜单项，打开"销售专用发票"窗口。单击工具栏中的"增加"按钮，弹出"查询条件—参照订单"对话框，单击"取消"按钮。单击工具栏中的"参照/发货单"命令，弹出"查询条件—发票参照发货单"对话框，单击"确定"按钮，打开"参照生单"窗口。

③ 生单：选中本业务的发货单，单击工具栏中的"确定"按钮，生成一张销售专用发票，编辑如下信息。

- 表头部分："发票号"为"03755657"，其他项默认。
- 表体部分："数量"为"250"，其他项默认。

编辑完毕，单击工具栏中的"保存"按钮。

④ 现结：单击工具栏中的"现结"按钮，打开"现结"对话框，录入"结算方式"为"转账支票"，"原币金额"为"1,130,000.00"，"票据号"为"15686299"，单击"确定"按钮，此时窗口左上方出现"现结"字样。

⑤ 复核：单击工具栏中的"复核"按钮，完成发票开具任务，结果如图5-6-7所示。

⑥ 退出：单击窗口中的"关闭"按钮，退出任务窗口。

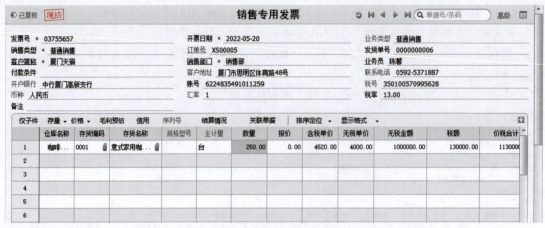

图 5-6-7　开具销售专用发票

4. C01 销售出库(首批)

① 角色登录：以"仓管C01，操作日期2022年5月20日"登录企业应用平台。

② 路径指引：依次展开"业务导航/供应链/库存管理/销售出库/销售出库单"菜单项。

③ 打开生单窗口：双击"销售出库单"菜单项，打开"销售出库单"窗口。单击"增加/销售发货单"命令，弹出"查询条件—销售发货单列表"对话框，单击"确定"按钮，打开"销售生单"窗口。

④ 审核：选中本业务的发货单，单击工具栏中的"确定"按钮，生成一张销售出库单。依次单击工具栏中的"保存""审核"按钮，弹出审核成功信息提示框，单击"确定"按钮，完成销售出库任务，结果如图5-6-8所示。

⑤ 退出：单击窗口中的"关闭"按钮，退出任务窗口。

图 5-6-8　销售出库单

5. W02 发票审核

① 角色登录：以"会计W02，操作日期2022年5月20日"登录企业应用平台。

② 路径指引：依次展开"业务导航/财务会计/应收款管理/应收处理/销售处理/销售发票审核"菜单项。

③ 打开审核窗口：双击"销售发票审核"菜单项，单击"查询"按钮，弹出"查询条件—发票查询"对话框，单击"确定"按钮，打开"销售发票列表"窗口。

④ 审核：选中本业务的销售发票，单击工具栏中的"审核"按钮，弹出审核成功信息提示框，完成发票审核任务。

⑤ 退出：单击窗口中的"关闭"按钮，退出任务窗口。

6. W02 归集销售税金凭证

① 路径指引：依次展开"业务导航/财务会计/应收款管理/凭证处理/生成凭证"菜单项。

② 打开制单窗口：双击"生成凭证"菜单项，弹出"制单查询"窗口，取消选中"发票"选项，选中"现结"选项，单击"确定"按钮，打开"现结列表"窗口。

③ 制单：选中本业务的销售发票，单击工具栏中的"制单"按钮，生成凭证信息(借记：银行存款/工行存款，贷记：主营业务收入、应交税费/应交增值税/销项税额)。

④ 保存：单击工具栏中的"保存"按钮，完成销售税金凭证任务，结果如图5-6-9所示。

⑤ 退出：单击窗口中的"关闭"按钮，退出任务窗口。

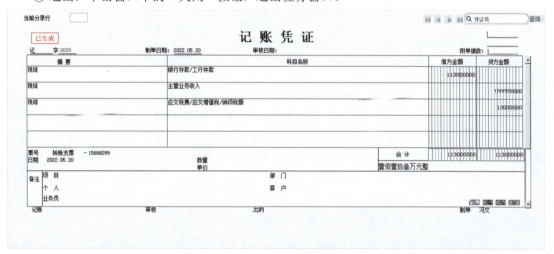

图 5-6-9　销售专用发票凭证

7. W02 正常单据记账

① 路径指引：依次展开"业务导航/供应链/存货核算/记账/正常单据记账"菜单项。

② 打开记账窗口：双击"正常单据记账"菜单项，单击"查询"按钮，弹出"查询条件"对话框，单击"确定"按钮，打开"未记账单据一览表"窗口。

③ 记账：选中本业务的销售发票，单击工具栏中的"记账"按钮，弹出记账成功信息提示框，单击"确定"按钮，完成记账任务。

④ 退出：单击窗口中的"关闭"按钮，退出任务窗口。

8. W02 归集销售成本凭证

① 路径指引：依次展开"业务导航/供应链/存货核算/凭证处理/生成凭证"菜单项。

② 打开制单窗口：双击"生成凭证"菜单项，打开"选择单据"窗口。单击工具栏中的"选单"按钮，弹出"查询条件—生成凭证查询条件"对话框，单击"确定"按钮，打开"选择单据"窗口。

③ 制单：选中本业务的销售发票，单击工具栏中的"确定"按钮，再单击"合并制单"按钮，生成凭证信息(借记：主营业务成本，贷记：库存商品)。

④ 保存：单击工具栏中的"保存"按钮，完成销售成本凭证任务，结果如图5-6-10所示。

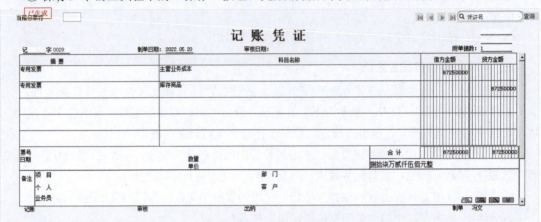

图 5-6-10　销售成本凭证

⑤ 退出：单击窗口中的"关闭"按钮，退出任务窗口。

9. X01 销售发货(下批)

① 角色登录：以"销售X01，操作日期2022年5月21日"登录企业应用平台。

② 路径指引：依次展开"业务导航/供应链/库存管理/销售出库/销售出库单"菜单项。

③ 打开生单窗口：双击"销售出库单"菜单项，打开"销售出库单"窗口。单击"增加/销售发货单"命令，弹出"查询条件—销售发货单列表"对话框，单击"确定"按钮，打开"销售生单"窗口。

④ 生单：选中本业务的销售订单，单击工具栏中的"确定"按钮，生成一张发货单。在表体部分设置"仓库名称"为"咖啡机仓库"，其他项默认。

⑤ 保存、审核：依次单击工具栏中的"保存"及"审核"按钮，完成销售发货任务，结果如图5-6-11所示。

⑥ 退出：单击窗口中的"关闭"按钮，退出任务窗口。

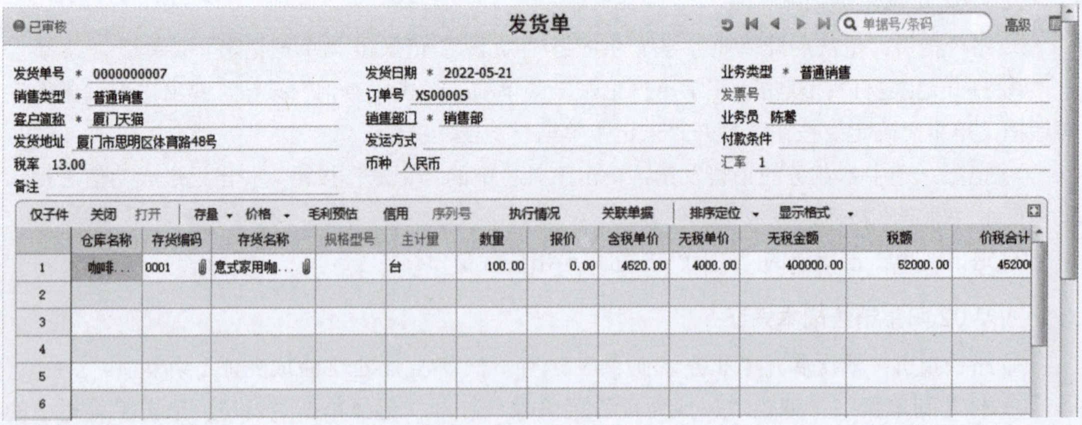

图 5-6-11　销售发货单

10. C01 销售出库(下批)

① 角色登录：以"仓管C01，操作日期2022年5月21日"登录企业应用平台。

② 路径指引：依次展开"业务导航/供应链/库存管理/销售出库/销售出库单"菜单项。

③ 打开生单窗口：双击"销售出库单"菜单项，打开"销售出库单"窗口。单击"增加/销售发货单"命令，弹出"查询条件—销售发货单列表"对话框，单击"确定"按钮，打开"销售生单"窗口。

④ 审核：选中本业务的发货单，单击工具栏中的"确定"按钮，生成一张销售出库单。依次单击工具栏中的"保存""审核"按钮，弹出审核成功信息提示框，单击"确定"按钮，完成销售出库任务，结果如图5-6-12所示。

⑤ 退出：单击窗口中的"关闭"按钮，退出任务窗口。

图 5-6-12　销售出库单

> **特别提醒：**
> ◇ 由于本案例账套存货核算的销售成本确认的核算方式为"销售发票"，故第二批的销售成本不需要再进行处理；若销售成本确认的核算方式为"销售出库单"，则两批货物都需要进行成本确认。
> ◇ 分批发货业务的处理方式除了上面的操作流程，还可以一次发货多次出库。两者的主要区别是，如果销售系统选项中没有选中"允许超发货量开票"选项，则通过上面的流程将无法开票，需要先完成销售专用发票，再由发票自动生成发货单。在会计技能比赛中，出题老师考这种处理方式，重点是对销售出库单评分。

实训七　分期收款业务

实训任务

2022年5月21日，与湖南新翼百货公司签订分期收款销售合同。原始单据参见图5-7-1、图5-7-2和图5-7-3。

购销合同

NO：XS00006

卖方：北京嘉益达电器有限公司
买方：湖南新翼百货公司

为保护买卖双方的合法权益，买卖双方根据《中华人民共和国民法典》的有关规定，经友好协商，一致同意签订本合同并共同遵守。

一、货物的名称、数量及金额

货物名称	规格型号	计量单位	数量	单价(不含税)	金额(不含税)	税率	税额
雀巢F111胶囊咖啡机	全自动	台	300	1,800.00	540,000.00	13%	70,200.00
TKH电烤箱		台	300	1,800.00	540,000.00	13%	70,200.00
合计			600		¥1,080,000.00		¥140,400.00

二、合同总金额：人民币壹佰贰拾贰万零肆佰元整（¥1,220,400.00）
三、交易约定
1. 交货日期：2022年5月21日。
2. 付款时间：签订合同当日买方向卖方支付60%货款，剩余货款22日支付完毕。
3. 结算方式：电汇。
4. 交货地点：北京嘉益达电器有限公司。
5. 发运方式与运输费用承担方式：由卖方发货，运输费用由买方承担。

卖　方：北京嘉益达电器有限公司
授权代表：陈馨
日　　期：2022年5月21日

买　方：湖南新翼百货公司
授权代表：魏强
日　　期：2022年5月21日

图 5-7-1　购销合同

北京增值税专用发票

1100178567　　NO 03755658
开票日期：2022年05月21日

购货单位	名　　称：湖南新翼百货公司 纳税人识别号：1551994561591556 地址、电话：衡阳市光荣路30号　0734-31027809 开户行及账号：建行湖南衡阳支行　6228516516115611	密码区	略

货物或应税劳务、服务名称	规格型号	单位	数量	单价	金额	税率	税额
雀巢F111胶囊咖啡机	全自动	台	180	1,800.00	324,000.00	13%	42,120.00
TKH电烤箱		台	180	1,800.00	324,000.00	13%	42,120.00
合　计					¥648,000.00		¥84,240.00

价税合计(大写)：柒拾叁万贰仟贰佰肆拾元整　　（小写）¥732,240.00

销货单位	名　　称：北京嘉益达电器有限公司 纳税人识别号：235020971DK0011 地址、电话：北京市朝阳区桥北路105号　010-53714456 开户行及账号：中国工商银行北京朝阳支行　62248354910225229	备注	

收款人：（略）　　复核：（略）　　开票人：（略）　　销货单位：（章）

第一联：记账联 销货方记账凭证

图 5-7-2　销售专用发票 1

工商银行 电汇凭证（收账通知）					NO 20897891									
委托日期：2022年5月21日														
付款人	全称	湖南新翼百货公司		收款人	全称	北京嘉益达电器有限公司								
	账号	6228516516115611			账号	62248354910225229								
	汇出地点	衡阳			汇入地点	北京								
	汇出行名称	建行湖南衡阳支行			汇入行名称	中国工商银行北京朝阳支行								
金额	人民币（大写）	柒拾叁万贰仟贰佰肆拾元整				亿	千	百	十	万	千	百	十	元	角	分
									¥	7	3	2	2	4	0	0	0
汇款用途				留行代取预留收款人印签										
上列款项已代进账，如有错误请持此联来行面洽		上列款项已照收无误		科目(借)										
				对方科目(贷)										
汇入行签章 2022年5月21日		收款人盖章 2022年5月21日		汇出行解汇日期 年 月 日 复核 记账 出纳										
收款人（略）		复核（略）		开票人：（略）										

图 5-7-3 电汇凭证 1

2022年5月22日，收到剩余款项。原始单据参见图5-7-4和图5-7-5。

图 5-7-4 销售专用发票 2

				工商银行 电汇凭证（收账通知）												
												NO 20897892				
				委托日期：2022年5月22日												
付款人	全称	湖南新翼百货公司				收款人	全称	北京嘉益达电器有限公司								
	账号	6228516516115611					账号	62248354910225229								
	汇出地点	衡阳					汇入地点	北京								
	汇出行名称	建行湖南衡阳支行					汇入行名称	中国工商银行北京朝阳支行								
金额	人民币（大写）	肆拾捌万捌仟壹佰陆拾元整				亿	千	百	十	万	千	百	十	元	角	分
								¥	4	8	8	1	6	0	0	0
汇款用途：						留行代取预留收款人印签										
上列款项已代进账，如有错误请持此联来行面洽。 汇入行签章 2022年5月22日			上列款项已点核无误。 收款人盖章 2022年5月22日			科目(借)										
						对方科目(贷)										
						汇出行解汇日期 年 月 日										
						复核 记账 出纳										
收款人（略）			复核（略）			开票人：（略）										

图 5-7-5　电汇凭证 2

任务解析

1. 背景知识

分期收款业务是指商品已经售出，货款分期收回的一种销售方式。分期收款业务只能先发货后开票，不能开票直接发货。

分期收款业务流程如图5-7-6所示。

2. 岗位说明

销售X01完成销售管理系统的相关操作。

仓管C01完成库存管理系统的相关操作。

会计W02完成存货核算和应收款管理系统的相关操作。

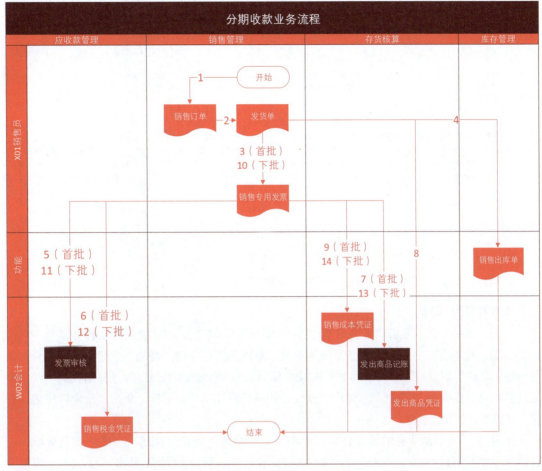

图 5-7-6　分期收款业务流程

实训指引

1. X01 销售合同

① 角色登录：以"销售X01，操作日期2022年5月21日"登录企业应用平台。

② 路径指引：依次展开"业务导航/供应链/销售管理/销售订货/销售订单"菜单项。

③ 打开生单窗口：双击"销售订单"菜单项，打开"销售订单"窗口。

④ 生单：单击工具栏中的"增加"按钮，增加一张销售订单，编辑如下信息。

- 表头部分："订单号"为"XS00006"，修改"业务类型"为"分期收款"，"客户简称"为"湖南新翼"，"销售部门"为"销售部"，"业务员"为"陈馨"，其他项默认。
- 表体部分：第1行"存货"为"0003/雀巢F11胶囊咖啡机全自动"，"数量"为"300"，"无税单价"为"1,800.00"；第2行"存货"为"0004/TKH电烤箱"，"数量"为"300"，"无税单价"为"1,800.00"，其他项默认。

⑤ 保存、审核：依次单击工具栏中的"保存""审核"按钮，完成销售合同填制任务，结果如图5-7-7所示。

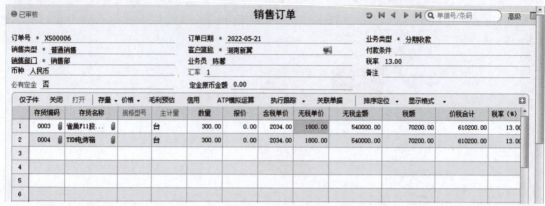

图 5-7-7　销售订单

⑥ 退出：单击窗口中的"关闭"按钮，退出任务窗口。

2. X01 销售发货

① 路径指引：依次展开"业务导航/供应链/销售管理/销售发货/发货单"菜单项。

② 打开生单窗口：双击"发货单"菜单项，单击工具栏中的"增加"按钮，弹出"查询条件—参照订单"对话框，单击"取消"按钮，编辑发货单"业务类型"为"分期收款"，单击工具栏中的"参照/订单"命令，弹出"查询条件—参照订单"对话框，单击"确定"按钮，打开"参照生单"窗口。

③ 生单：选中本业务的销售订单，单击工具栏中的"确定"按钮，生成一张发货单。在表体部分设置第1行"仓库名称"为"01/咖啡机仓库"，第2行"仓库名称"为"02/电烤箱仓库"，其他项默认。

④ 保存、审核：依次单击工具栏中的"保存"及"审核"按钮，完成销售发货任务，结果如图5-7-8所示。

图 5-7-8　销售发货单

⑤ 退出：单击窗口中的"关闭"按钮，退出任务窗口。

3. X01 销售开票（首批）

① 路径指引：依次展开"业务导航/供应链/销售管理/销售开票/销售专用发票"菜单项。

② 打开生单窗口：双击"销售专用发票"菜单项，打开"销售专用发票"窗口。单击工具栏中的"增加"按钮，弹出"查询条件—参照订单"对话框，单击"取消"按钮。修改"业务类型"为"分期收款"，单击工具栏中的"参照/发货单"命令，弹出"查询条件—发票参照发货单"对话框，单击"确定"按钮，打开"参照生单"窗口。

③ 生单：选中本业务的发货单，单击工具栏中的"确定"按钮，生成一张销售专用发票，编辑如下信息。

- 表头部分："发票号"为"03755658"，其他项默认。
- 表体部分：第1行和第2行"数量"为"180"，其他项默认。

编辑完毕，单击工具栏中的"保存"按钮。

④ 现结：单击工具栏中的"现结"按钮，打开"现结"对话框，设置"结算方式"为"电汇"，"原币金额"为"732,240.00"，"票据号"为"20897891"，单击"确定"按钮，此时窗口左上方出现"现结"字样。

⑤ 复核：单击工具栏中的"复核"按钮，完成发票开具任务，结果如图5-7-9所示。

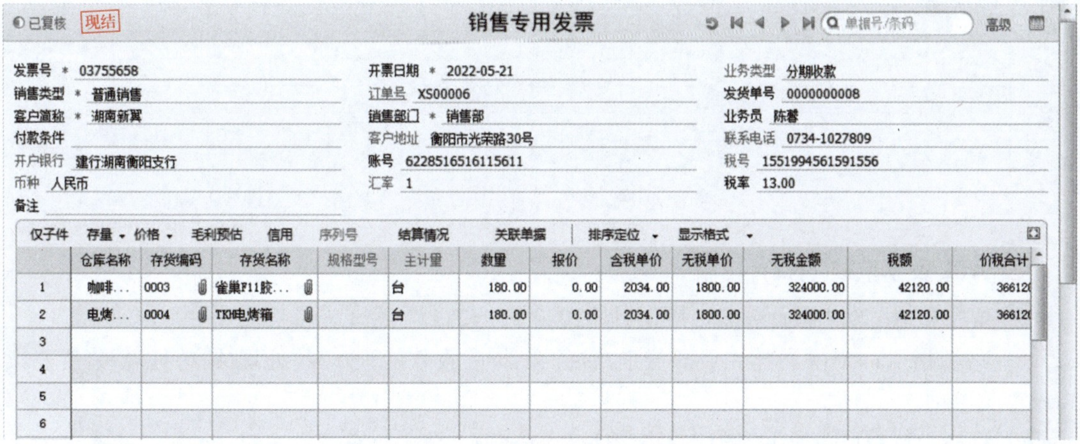

图 5-7-9　开具销售专用发票(首批)

⑥ 退出：单击窗口中的"关闭"按钮，退出任务窗口。

4. C01 销售出库

① 角色登录：以"仓管C01，操作日期2022年5月21日"登录企业应用平台。

② 路径指引：依次展开"业务导航/供应链/库存管理/销售出库/销售出库单"菜单项。

③ 打开生单窗口：双击"销售出库单"菜单项，打开"销售出库单"窗口。单击"增加/销售发货单"命令，弹出"查询条件—销售发货单列表"对话框，单击"确定"按钮，打开"销售生单"窗口。

④ 审核：选中本业务的发货单，单击工具栏中的"确定"按钮，生成一张销售出库单。依次单击工具栏中的"保存""审核"按钮，弹出审核成功信息提示框，单击"确定"按钮，完成销售出库任务，结果如图5-7-10和图5-7-11所示。

⑤ 退出：单击窗口中的"关闭"按钮，退出任务窗口。

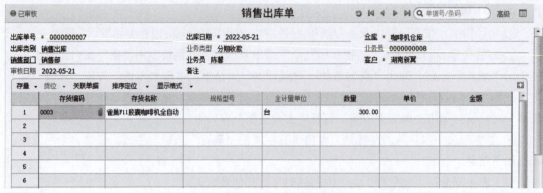

图 5-7-10 销售出库单 1

图 5-7-11 销售出库单 2

5. W02 发票审核(首批)

① 角色登录：以"会计W02，操作日期2022年5月21日"登录企业应用平台。

② 路径指引：依次展开"业务导航/财务会计/应收款管理/应收处理/销售处理/销售发票审核"菜单项。

③ 打开审核窗口：双击"销售发票审核"菜单项，单击"查询"按钮，弹出"查询条件—发票查询"对话框，单击"确定"按钮，打开"销售发票列表"窗口。

④ 审核：选中本业务的销售发票，单击工具栏中的"审核"按钮，弹出审核成功信息提示框，完成发票审核任务。

⑤ 退出：单击窗口中的"关闭"按钮，退出任务窗口。

6. W02 归集销售税金凭证(首批)

① 路径指引：依次展开"业务导航/财务会计/应收款管理/凭证处理/生成凭证"菜单项。

② 打开制单窗口：双击"生成凭证"菜单项，弹出"制单查询"窗口，取消选中"发票"选项，选中"现结"选项，单击"确定"按钮，打开"现结列表"窗口。

③ 制单：选中本业务的销售发票，单击工具栏中的"制单"按钮，生成凭证信息(借记：银行存款/工行存款，贷记：主营业务收入、应交税费/应交增值税/销项税额)。

④ 保存：单击工具栏中的"保存"按钮，完成销售税金凭证任务，结果如图5-7-12所示。

⑤ 退出：单击窗口中的"关闭"按钮，退出任务窗口。

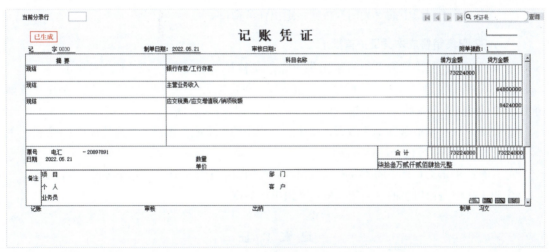

图 5-7-12　销售专用发票凭证(首批)

7. W02 发出商品记账（首批）

① 路径指引：依次展开"业务导航/供应链/存货核算/记账/发出商品记账"菜单项。

② 打开记账窗口：双击"发出商品记账"菜单项，单击"查询"按钮，弹出"查询条件"对话框，单击"确定"按钮，打开"未记账单据一览表"窗口。

③ 记账：选中本业务的发货单和销售发票，单击工具栏中的"记账"按钮，弹出记账成功信息提示框，单击"确定"按钮，完成记账任务。

④ 退出：单击窗口中的"关闭"按钮，退出任务窗口。

8. W02 归集发出商品凭证

① 路径指引：依次展开"业务导航/供应链/存货核算/凭证处理/生成凭证"菜单项。

② 打开制单窗口：双击"生成凭证"菜单项，单击工具栏中的"选单"按钮，弹出"查询条件—生成凭证查询条件"对话框，单击"确定"按钮，打开"选择单据"窗口。

③ 制单：选中本业务的发货单，单击工具栏中的"生成"按钮，生成凭证信息(借记：发出商品；贷记：库存商品)。

④ 保存：单击工具栏中的"保存"按钮，完成发出商品凭证任务，结果如图5-7-13所示。

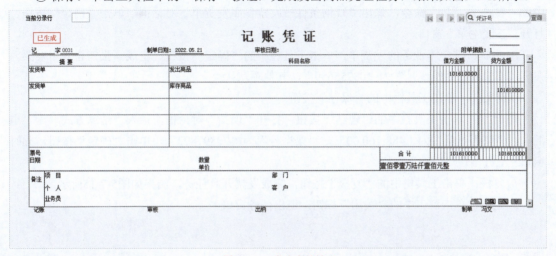

图 5-7-13　发出商品凭证

⑤ 退出：单击窗口中的"关闭"按钮，退出任务窗口。

9. W02 归集销售成本凭证（首批）

① 路径指引：依次展开"业务导航/供应链/存货核算/凭证处理/生成凭证"菜单项。

② 打开制单窗口：双击"生成凭证"菜单项，单击工具栏中的"选单"按钮，弹出"查询条件—生成凭证查询条件"对话框，单击"确定"按钮，打开"选择单据"窗口。

③ 制单：选中本业务的销售发票，单击工具栏中的"生成"按钮，生成凭证信息(借记：主营业务成本；贷记：发出商品)。

④ 保存：单击工具栏中的"保存"按钮，完成销售成本凭证任务，结果如图5-7-14所示。

⑤ 退出：单击窗口中的"关闭"按钮，退出任务窗口。

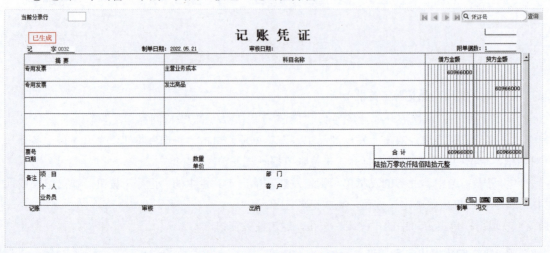

图 5-7-14　销售成本凭证(首批)

10. X01 销售开票（下批）

① 角色登录：以"销售X01，操作日期2022年5月22日"登录企业应用平台。

② 路径指引：依次展开"业务导航/供应链/销售管理/销售开票/销售专用发票"菜单项。

③ 打开生单窗口：双击"销售专用发票"菜单项，打开"销售专用发票"窗口。单击工具栏中的"增加"按钮，弹出"查询条件—参照订单"对话框，单击"取消"按钮。单击工具栏中的"参照/发货单"命令，弹出"查询条件—发票参照发货单"对话框，单击"确定"按钮，打开"参照生单"窗口。

④ 生单：选中本业务的发货单，单击工具栏中的"确定"按钮，生成一张销售专用发票。在表头部分设置"发票号"为"03755659"，其他项默认。

编辑完成，单击工具栏中的"保存"按钮。

⑤ 现结：单击工具栏中的"现结"按钮，打开"现结"对话框，录入"结算方式"为"电汇"，"原币金额"为"488,160.00"，"票据号"为"20897892"，单击"确定"按钮，此时窗口左上方出现"现结"字样。

⑥ 复核：单击工具栏中的"复核"按钮，完成发票开具任务，结果如图5-7-15所示。

⑦ 退出：单击窗口中的"关闭"按钮，退出任务窗口。

图 5-7-15 开具销售专用发票(下批)

11. W02 发票审核（下批）

① 角色登录：以"会计W02，操作日期2022年5月22日"登录企业应用平台。

② 路径指引：依次展开"业务导航/财务会计/应收款管理/应收处理/销售处理/销售发票审核"菜单项。

③ 打开审核窗口：双击"销售发票审核"菜单项，单击"查询"按钮，弹出"查询条件—发票查询"对话框，单击"确定"按钮，打开"销售发票列表"窗口。

④ 审核：选中本业务的销售发票，单击工具栏中的"审核"按钮，弹出审核成功信息提示框，完成发票审核任务。

⑤ 退出：单击窗口中的"关闭"按钮，退出任务窗口。

12. W02 归集销售税金凭证（下批）

① 路径指引：依次展开"业务导航/财务会计/应收款管理/凭证处理/生成凭证"菜单项。

② 打开制单窗口：双击"生成凭证"菜单项，弹出"制单查询"窗口，取消选中"发票"选项，选中"现结"选项，单击"确定"按钮，打开"现结列表"窗口。

③ 制单：选中本业务的销售发票，单击工具栏中的"制单"按钮，生成凭证信息(借记：银行存款/工行存款，贷记：主营业务收入、应交税费/应交增值税/销项税额)。

④ 保存：单击工具栏中的"保存"按钮，完成销售税金凭证任务，结果如图5-7-16所示。

⑤ 退出：单击窗口中的"关闭"按钮，退出任务窗口。

13. W02 发出商品记账（下批）

① 路径指引：依次展开"业务导航/供应链/存货核算/记账/发出商品记账"菜单项。

② 打开记账窗口：双击"发出商品记账"菜单项，单击"查询"按钮，弹出"查询条件"对话框，单击"确定"按钮，打开"未记账单据一览表"窗口。

③ 记账：选中本业务的销售发票，单击工具栏中的"记账"按钮，弹出记账成功信息提示框，单击"确定"按钮，完成记账任务。

④ 退出：单击窗口中的"关闭"按钮，退出任务窗口。

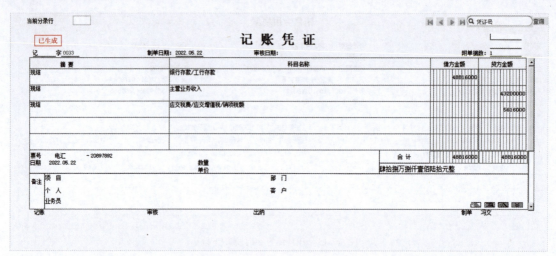

图 5-7-16　销售专用发票凭证(下批)

14. W02 归集销售成本凭证（下批）

① 路径指引：依次展开"业务导航/供应链/存货核算/凭证处理/生成凭证"菜单项。

② 打开制单窗口：双击"生成凭证"菜单项，单击工具栏中的"选单"按钮，弹出"查询条件—生成凭证查询条件"对话框，单击"确定"按钮，打开"选择单据"窗口。

③ 制单：选中本业务的发货单，单击工具栏中的"生成"按钮，生成凭证信息(借记：主营业务成本；贷记：库存商品)。

④ 保存：单击工具栏中的"保存"按钮，完成销售成本凭证任务，结果如图5-7-17所示。

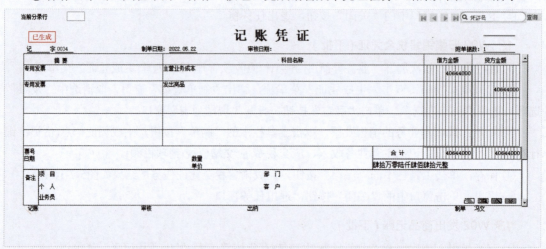

图 5-7-17　销售成本凭证(下批)

实训八 视同买断的委托代销业务

实训任务

2022年5月22日,与上海宏华商贸公司签订委托代销合同。原始单据参见图5-8-1。

购 销 合 同

NO:WT00001

卖方:北京嘉益达电器有限公司
买方:上海宏华商贸有限公司

为保护买卖双方的合法权益,买卖双方根据《中华人民共和国民法典》的有关规定,经友好协商,一致同意签订本合同并共同遵守。

一、货物的名称、数量及金额

货物名称	规格型号	计量单位	数量	单价(不含税)	金额(不含税)	税率	税 额
复古胶囊咖啡机	半自动	台	400	2,500.00	1,000,000.00	13%	130,000.00
雀巢F11胶囊咖啡机	全自动	台	400	1,800.00	720,000.00	13%	93,600.00
合计			800		¥1,720,000.00		¥223,600.00

二、合同总金额:人民币壹佰玖拾肆万叁仟陆佰元整(¥1,943,600.00)
三、交易约定
1. 交货日期:2022年5月22日。
2. 交易方式:视同买断方式,即受托方将代销的货物销售后,委托方按合同双方约定的价格收取代销货物的货款,代销货物的实际售价可由受托方自定,收益额归受托方所有。
3. 付款时间:每月31日依照结算清单结算货款。
4. 结算方式:转账支票。
5. 交货地点:北京嘉益达电器有限公司。
6. 发运方式与运输费用承担方式:由委托方发货。

卖 方:北京嘉益达电器有限公司	买 方:上海宏华商贸有限公司
授权代表:陈馨	授权代表:王丽
日 期:2022年5月22日	日 期:2022年5月22日

图 5-8-1 商品购销合同

2022年5月31日,收到上海宏华商贸公司开具的委托代销清单和转账支票,向对方开具增值税专用发票。原始单据可参见图5-8-2、图5-8-3和图5-8-4。

商品代销清单

NO：0000012

开票日期：2022年05月31日

委托方	北京嘉益达电器有限公司	受托方	上海宏华商贸有限公司
账号	62248354910225229	账号	6228798454564645
开户银行	中国工商银行北京朝阳支行	开户银行	交行上海南京支行

总代销货物明细	规格型号	计量单位	数量	单价（不含税）	金额	税率	税额
复古胶囊咖啡机	半自动	台	400	2,500.00	1,000,000.00	13%	130,000.00
雀巢F11胶囊咖啡机	全自动	台	400	1,800.00	720,000.00	13%	93,600.00
价税合计	大写：壹佰玖拾肆万叁仟陆佰元整						
代销方式	转账支票						
代销结算时间	根据代销货物销售情况于每月底结算一次货款						
代销结算方式	电汇						

本次结算货物明细	规格型号	计量单位	数量	单价（不含税）	金额	税率	税额
复古胶囊咖啡机	半自动	台	300	2,500.00	750,000.00	13%	97,500.00
雀巢F11胶囊咖啡机	全自动	台	300	1,800.00	540,000.00	13%	70,200.00
价税合计	大写：壹佰肆拾伍万柒仟柒佰元整			小写：￥1,457,700.00			
价款结算金额	大写：壹佰肆拾伍万柒仟柒佰元整			小写：￥1,457,700.00			

图 5-8-2　商品代销清单

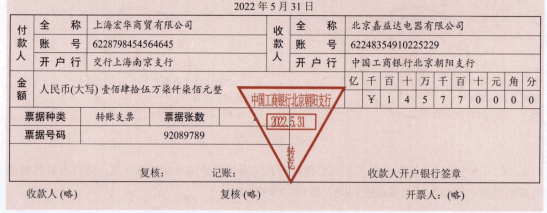

图 5-8-3　银行进账单

图 5-8-4　销售专用发票

任务解析

1. 背景知识

委托代销业务，指企业将商品委托他人进行销售但商品所有权仍归本企业的销售方式。委托代销商品销售后，受托方与企业进行结算，并开具正式的销售发票，形成销售收入，商品所有权转移。对受托方而言，受托代销业务有两种常见的核算方法：一种是收取手续费；另一种是视同买断方式。本例采用后一种方式。视同买断方式下，受托方在销售代销商品时有独立的销售定价权，可以在与委托方结算价格的基础上加价销售，以赚取差价。

委托代销发出商品业务流程如图5-8-5所示。

2. 岗位说明

销售X01完成销售管理系统的相关操作。
仓管C01完成库存管理系统的相关操作。
会计W02完成存货核算和应收款管理系统的相关操作。

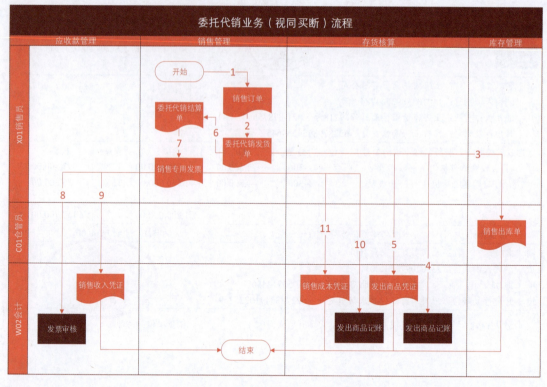

图 5-8-5　委托代销发出商品业务流程

实训指引

1. X01 填制委托代销合同

① 角色登录：以"销售X01，操作日期2022年5月22日"登录企业应用平台。

② 路径指引：依次展开"业务导航/供应链/销售管理/销售订货/销售订单"菜单项。

③ 打开生单窗口：双击"销售订单"菜单项，打开"销售订单"窗口。

④ 生单：单击工具栏中的"增加"按钮，新增一张销售订单，编辑如下信息。

- 表头部分："订单号"为"WT00001"，"业务类型"为"委托代销"，销售类型为"委托代销"，"客户简称"为"上海宏华"，"销售部门"为"销售部"，"业务员"为"陈馨"，其他项默认。
- 表体部分：第1行"存货"为"0002/复古胶囊咖啡机半自动"，"数量"为"400"，"无税单价"为"2,500.00"；第2行"存货"为"0003/雀巢F11胶囊咖啡机全自动"，"数量"为"400"，"无税单价"为"1,800.00"，其他项默认。

⑤ 保存、审核：依次单击工具栏中的"保存"及"审核"按钮，完成委托代销合同填制任务，结果如图5-8-6所示。

⑥ 退出：单击窗口中的"关闭"按钮，退出任务窗口。

图 5-8-6　委托代销订单

2. X01 委托代销发货

① 路径指引：依次展开"供应链/销售管理/委托代销/委托代销发货单"菜单项。

② 打开生单窗口：双击"委托代销发货单"菜单项，打开"委托代销发货单"窗口。单击工具栏中的"增加"按钮，弹出"查询条件—参照订单"对话框，单击"确定"按钮，打开"参照生单"窗口。

③ 生单：选中本业务的销售订单，单击工具栏中的"确定"按钮，生成一张委托代销发货单。在表体部分设置第1行与第2行的"仓库名称"为"咖啡机仓库"，其他项默认。

④ 保存、审核：依次单击工具栏中的"保存"及"审核"按钮，完成销售发货任务，结果如图5-8-7所示。

⑤ 退出：单击窗口中的"关闭"按钮，退出任务窗口。

图 5-8-7　委托代销发货单

3. C01 委托代销出库

① 角色登录：以"仓管C01，操作日期2022年5月22日"登录企业应用平台。

② 路径指引：依次展开"业务导航/供应链/库存管理/销售出库/销售出库单"菜单项。

③ 打开生单窗口：双击"销售出库单"菜单项，打开"销售出库单"窗口。单击"增加/销售发货单"命令，弹出"查询条件—销售发货单列表"对话框，单击"确定"按钮，打开"销售生单"窗口。

④ 审核：选中本业务的发货单，单击工具栏中的"确定"按钮，生成一张销售出库单。依次单击工具栏中的"保存""审核"按钮，弹出审核成功信息提示框，单击"确定"按钮，完成销售出库任务，结果如图5-8-8所示。

⑤ 退出：单击窗口中的"关闭"按钮，退出任务窗口。

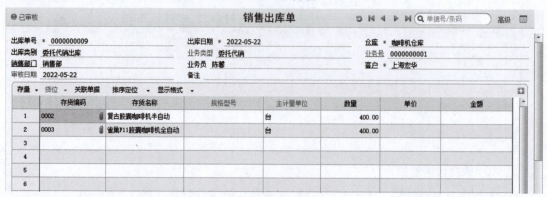

图 5-8-8　委托代销出库单

4. W02 发出商品记账

① 路径指引：依次展开"供应链/存货核算/记账/发出商品记账"菜单项。

② 打开记账窗口：双击"发出商品记账"菜单项，单击"查询"按钮，弹出"查询条件"对话框，单击"确定"按钮，打开"未记账单据一览表"窗口。

③ 记账：选中本业务的销售发票，单击工具栏中的"记账"按钮，弹出记账成功信息提示框，单击"确定"按钮，完成记账任务。

④ 退出：单击窗口中的"关闭"按钮，退出任务窗口。

5. W02 归集发出商品凭证

① 路径指引：依次展开"业务导航/供应链/存货核算/凭证处理/生成凭证"菜单项。

② 打开制单窗口：双击"生成凭证"菜单项，打开"制单"窗口。单击工具栏中的"选单"按钮，弹出"查询条件—生成凭证查询条件"对话框，单击"确定"按钮，打开"选择单据"窗口。

③ 制单：选中本业务的发货单，单击工具栏中的"确定"按钮，返回"生成凭证"窗口。单击工具栏中的"生成"按钮，生成凭证信息(借记：发出商品；贷记：库存商品)。

④ 保存：单击工具栏中的"保存"按钮，完成发出商品凭证任务，结果如图5-8-9所示。

⑤ 退出：单击窗口中的"关闭"按钮，退出任务窗口。

6. X01 委托代销结算

① 角色登录：以"销售X01，操作日期2022年5月31日"登录企业应用平台。

② 路径指引：依次展开"业务导航/供应链/销售管理/委托代销/委托代销结算单"菜单项。

③ 打开结算窗口：双击"委托代销结算单"菜单项，打开"委托代销结算单"窗口。单击工具栏中的"增加"按钮，弹出"查询条件—委托结算参照发货单"对话框，单击"确定"按钮，打开"参照生单"窗口。

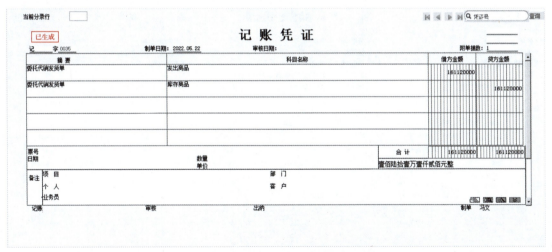

图 5-8-9 发出商品凭证

④ 结算：选择本业务的委托代销发货单，单击工具栏中的"确定"按钮，生成一张委托代销结算单，编辑如下信息。

- 表头部分：修改"发票号"为"03755659"，其他项默认。
- 表体部分：修改第1行和第2行的"数量"均为"300"，其他项默认。

⑤ 保存、审核：依次单击工具栏中的"保存"及"审核"按钮，弹出"请选择发票类型"信息提示框，选中"专用发票"单选按钮，单击"确定"按钮，完成委托结算任务，结果如图5-8-10所示。

⑥ 退出：单击窗口中的"关闭"按钮，退出任务窗口。

图 5-8-10 委托代销结算单

7. X01 销售开票

① 路径指引：依次展开"业务导航/供应链/销售管理/销售开票/销售专用发票"菜单项。

② 打开生单窗口：双击"销售专用发票"菜单项，打开"销售专用发票"窗口。

③ 现结：单击工具栏中的"上张"或"下张"按钮，选择本业务销售专用发票，再单击工具栏中的"现结"按钮，打开"现结"对话框；录入"结算方式"为"转账支票"，"原币金额"为"1,457,700.00"，"票据号"为"92089789"，单击"确定"按钮，此时窗口左上方出现"现结"字样。

④ 复核：单击工具栏中的"复核"按钮，完成销售开票任务，结果如图5-8-11所示。

⑤ 退出：单击窗口中的"关闭"按钮，退出任务窗口。

图 5-8-11　开具销售专用发票

8. W02 发票审核

① 角色登录：以"会计W02，操作日期2022年5月31日"登录企业应用平台。

② 路径指引：依次展开"业务导航/财务会计/应收款管理/应收处理/销售处理/销售发票审核"菜单项。

③ 打开审核窗口：双击"销售发票审核"菜单项，单击"查询"按钮，弹出"查询条件—发票查询"对话框，单击"确定"按钮，打开"销售发票列表"窗口。

④ 审核：选中本业务的销售发票，单击工具栏中的"审核"按钮，弹出审核成功信息提示框，完成发票审核任务。

⑤ 退出：单击窗口中的"关闭"按钮，退出任务窗口。

9. W02 归集销售税金凭证

① 路径指引：依次展开"业务导航/财务会计/应收款管理/凭证处理/生成凭证"菜单项。

② 打开制单窗口：双击"生成凭证"菜单项，弹出"制单查询"窗口，取消选中"发票"选项，选中"现结"选项，单击"确定"按钮，打开"现结列表"窗口。

③ 制单：选中本业务的销售发票，单击工具栏中的"制单"按钮，生成凭证信息(借记：银行存款/工行存款，贷记：主营业务收入、应交税费/应交增值税/销项税额)。

④ 保存：单击工具栏中的"保存"按钮，完成销售税金凭证任务，结果如图5-8-12所示。

⑤ 退出：单击窗口中的"关闭"按钮，退出任务窗口。

10. W02 发出商品记账

① 路径指引：依次展开"业务导航/供应链/存货核算/记账/发出商品记账"菜单项。

② 打开记账窗口：双击"发出商品记账"菜单项，单击"查询"按钮，弹出"查询条件"对话框，单击"确定"按钮，打开"未记账单据一览表"窗口。

③ 记账：选中本业务的销售专用发票，单击工具栏中的"记账"按钮，弹出记账成功信息提示框，单击"确定"按钮，完成记账任务。

④ 退出：单击窗口中的"关闭"按钮，退出任务窗口。

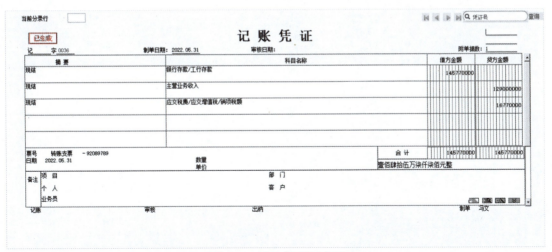

图 5-8-12　销售专用发票凭证

11. W02 归集销售成本凭证

① 路径指引：依次展开"业务导航/供应链/存货核算/凭证处理/生成凭证"菜单项。

② 打开制单窗口：双击"生成凭证"菜单项，打开"选择单据"窗口。单击工具栏中的"选单"按钮，弹出"查询条件—生成凭证查询条件"对话框，单击"确定"按钮，打开"选择单据"窗口。

③ 制单：选中本业务的销售发票，单击工具栏中的"确定"按钮，再单击"合并制单"按钮，生成凭证信息(借记：主营业务成本；贷记：发出商品)。

④ 保存：单击工具栏中的"保存"按钮，完成销售成本凭证任务，结果如图5-8-13所示。

⑤ 退出：单击窗口中的"关闭"按钮，退出任务窗口。

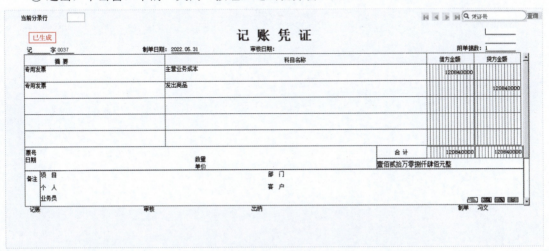

图 5-8-13　销售成本凭证

项目六 库存管理

实训一 对外捐赠业务

实训任务

2022年5月31日,为了响应政府关爱孤儿的号召,本公司向当地孤儿院(北京市阳光孤儿院)捐赠柏翠电烤箱50个,单位成本价为1,398.00元。原始单据可参见图6-1-1。

图6-1-1 捐赠发票

任务解析

1. 背景知识

对外捐赠是指企业自愿无偿将其有权处置的合法财产赠送给受赠人的公益行为,属于企业非日常或非固定产生的经济利益的流出,无论企业对外捐赠的是货币性资产还是非货币性资产,一律在营业外支出科目核算。对外捐赠引起企业的库存商品等资产流出事项(虽然税法是作为视同销售处理)并不符合《企业会计准则第14号——收入》中销售收入确认的5个条件,企业不会因为捐赠增加现金流量,也不会增加利润,因此会计核算不做销售处理,而按成本转账。对外捐赠业务流程如图6-1-2所示。

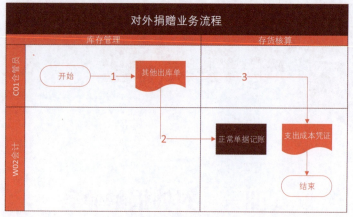

图 6-1-2 对外捐赠业务流程

2. 岗位说明

仓管C01完成库存管理系统的相关操作。

会计W02完成存货核算系统的相关操作。

实训指引

1. C01 其他出库

① 角色登录：以"仓管C01，操作日期2022年5月31日"登录企业应用平台。

② 路径指引：依次展开"供应链/库存管理/其他出库/其他出库单"菜单项。

③ 打开生单窗口：双击"其他出库单"菜单项，打开"其他出库单"窗口。

④ 制单：单击工具栏中的"增加"按钮，生成一张其他出库单，编辑如下信息。

- 表头部分："仓库"为"电烤箱仓库"，"出库类别"为"其他出库"，"部门"为"仓管部"，其他项默认。
- 表体部分："存货"为"0006/柏翠电烤箱"，"数量"为"50"，"单价"为"1,398.00"，其他项默认。

⑤ 保存、审核：依次单击"保存"及"审核"按钮，弹出审核成功信息提示框，单击"确定"按钮，完成审核工作，结果如图6-1-3所示。

⑥ 退出：单击窗口中的"关闭"按钮，退出任务。

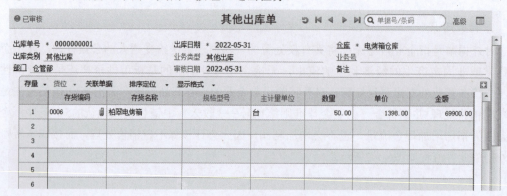

图 6-1-3 其他出库单

2. W02 正常单据记账

① 角色登录：以"会计W02，操作日期2022年5月31日"登录企业应用平台。

② 路径指引：依次展开"供应链/存货核算/记账/正常单据记账"菜单项。

③ 打开记账窗口：双击"正常单据记账"菜单项，单击"查询"按钮，弹出"查询条件"对话框，单击"确定"按钮，打开"未记账单据一览表"窗口。

④ 记账：选中本业务其他出库单，单击工具栏中的"记账"按钮，弹出记账成功信息提示框，单击"确定"按钮，完成记账任务。

⑤ 退出：单击窗口中的"关闭"按钮，退出任务窗口。

3. W02 归集其他出库凭证

① 路径指引：依次展开"供应链/存货核算/凭证处理/生成凭证"菜单项。

② 打开制单窗口：双击"生成凭证"菜单项，打开"生成凭证"窗口。单击工具栏中的"选单"按钮，弹出"查询条件—生成凭证查询条件"对话框，单击"确定"按钮，打开"选择单据"窗口。

③ 制单：选中本业务其他出库单，补充科目信息，单击工具栏中的"合并制单"按钮，完善科目并生成凭证信息(借记：营业外支出；贷记：库存商品、应交税费/应交增值税/销项税额)。

④ 保存：单击工具栏中的"保存"按钮，完成其他出库凭证任务，结果如图6-1-4所示。

⑤ 退出：单击窗口中的"关闭"按钮，退出任务窗口。

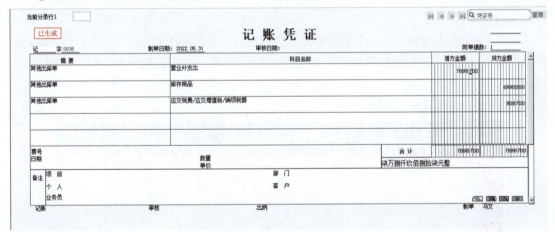

图6-1-4　其他出库单凭证

❖ 拓展任务：

1. 非货币性福利

◇ 功能概要：非货币性福利是指公司以非货币性资产支付给职工的薪酬。在发放福利前要先计提，同时商品对应的增值税的税额不能抵扣。

◇ 业务描述：5月31日，为答谢员工，公司将一批外购自行车免费发放给员工，每人一辆(不考虑个人所得税)。

◆ 路径指引：
① 业务工作→供应链→库存管理(其他出库单)
② 业务工作→供应链→存货核算(正常单据记账→生成凭证)

2. 岗位说明

◆ 仓管C01完成库存管理系统的相关操作。
◆ 会计W02完成总账和存货核算系统的相关操作。

实训二 调拨业务

实训任务

2022年5月31日，由于咖啡机仓库要进行小型维修，仓管部李浩申请将咖啡机仓库的意式家用咖啡机50台调入电烤箱仓库。

任务解析

1. 背景知识

调拨业务用于处理仓库之间存货的转库业务或部门之间的存货调拨业务。调拨时要填制调拨单，如果调拨单上的转出部门和转入部门不同，就表示是部门之间的调拨业务；如果转出部门和转入部门相同，但转出仓库和转入仓库不同，就表示是仓库之间的转库业务。

调拨业务流程如图6-2-1所示。

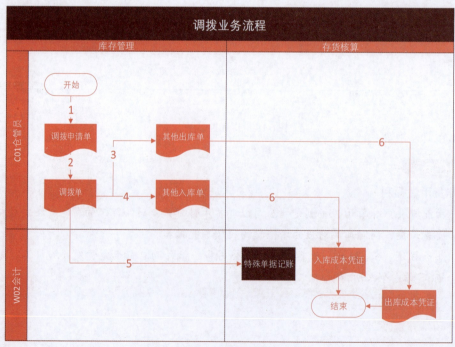

图 6-2-1 调拨业务流程

2. 岗位说明

仓管C01完成库存管理系统的相关操作。

会计W02完成存货核算系统的相关操作。

实训指引

1. C01 调拨申请

① 角色登录：以"仓管C01，操作日期2022年5月31日"登录企业应用平台。

② 路径指引：依次展开"供应链/库存管理/调拨业务/调拨申请单"菜单项。

③ 打开生单窗口：双击"调拨申请单"菜单项，打开"调拨申请单"窗口。

④ 生单：单击工具栏中的"增加"按钮，新增一张调拨申请单，编辑如下信息。

- 表头部分："转出部门"和"转入部门"均为"仓管部"，"转出仓库"为"咖啡机仓库"，"转入仓库"为"电烤箱仓库"，"入库类别"为"调拨入库"，"出库类别"为"调拨出库"，"申请人"为"李浩"。
- 表体部分："存货"为"0001/意式家用咖啡机"，"数量"为"50"。

⑤ 保存、批复、审核：依次单击工具栏中的"保存"及"批复"按钮，再单击"保存"按钮，完成批复工作，单击"审核"按钮，结果如图6-2-2所示。

⑥ 退出：单击窗口中的"关闭"按钮，退出任务。

图 6-2-2　调拨申请单

2. C01 审核调拨单

① 路径指引：依次展开"供应链/库存管理/调拨业务/调拨单"菜单项。

② 打开生单窗口：双击"调拨单"菜单项，打开"调拨单"窗口。单击工具栏中的"增加/调拨申请单"命令，新增一张调拨单，打开"查询条件—调拨申请单生单列表"对话框，单击对话框中的"确定"按钮，打开"调拨申请单生单列表"窗口。

③ 生单：选择本业务的调拨申请单，单击工具栏中的"确定"按钮，生成一张调拨单。

④ 保存、审核：依次单击工具栏中的"保存"及"审核"按钮，弹出审核成功信息提示框，单击"确定"按钮，完成审核任务，结果如图6-2-3所示。

⑤ 退出：单击"关闭"按钮，退出任务窗口。

图 6-2-3 调拨单

> ❖ **特别提醒：**
>
> ◇ 审核调拨单时，系统将自动生成其他出库单(即调拨出库单)和其他入库单(即调拨入库单)。

3. C01 审核其他出库单

① 路径指引：依次展开"业务导航/供应链/库存管理/其他出库/其他出库单"菜单项。

② 打开生单窗口：双击"其他出库单"菜单项，打开"其他出库单"窗口。

③ 审核：单击工具栏中的"上张"或"下张"按钮，找到本业务其他出库单，再单击工具栏中的"审核"按钮，弹出审核成功信息提示框，单击"确定"按钮，完成审核工作，结果如图6-2-4所示。

④ 退出：单击窗口中的"关闭"按钮，退出任务窗口。

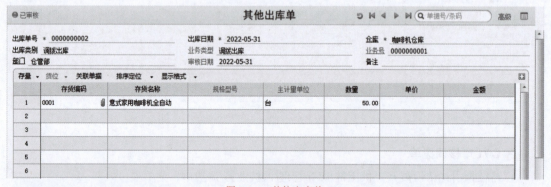

图 6-2-4 其他出库单

4. C01 审核其他入库单

① 路径指引：依次展开"业务导航/供应链/库存管理/其他入库/其他入库单"菜单项。

② 打开生单窗口：双击"其他入库单"菜单项，打开"其他入库单"窗口。

③ 审核：单击工具栏中的"上张"或"下张"按钮，找到本业务其他入库单，再单击工具栏中的"审核"按钮，弹出审核成功信息提示框，单击"确定"按钮，完成审核工作，结果如图6-2-5所示。

图 6-2-5 其他入库单

④ 退出：单击窗口中的"关闭"按钮，退出任务窗口。

5. W02 特殊单据记账

① 角色登录：以"会计W02，操作日期2022年5月31日"登录企业应用平台。

② 路径指引：依次展开"业务导航/供应链/存货核算/记账/特殊单据记账"菜单项。

③ 打开记账窗口：双击"特殊单据记账"菜单项，弹出"特殊单据记账条件"对话框，单击"确定"按钮，打开"未记账单据一览表"窗口。

④ 记账：选中本业务的调拨单，单击工具栏中的"记账"按钮，弹出记账成功信息提示框，单击"确定"按钮，完成记账任务。

⑤ 退出：单击窗口中的"关闭"按钮，退出任务窗口。

> ❖ **特别提醒：**
> ◇ 调拨业务也可以使用正常单据记账，对其他出入库单记账。

6. W02 归集其他出入库凭证

① 路径指引：依次展开"业务导航/供应链/存货核算/凭证处理/生成凭证"菜单项。

② 打开制单窗口：双击"生成凭证"菜单项，打开"选择单据"窗口，单击工具栏中的"选单"按钮，弹出"查询条件—生成凭证查询条件"对话框，单击"确定"按钮，打开"选择单据"窗口。

③ 制单：选中本业务的其他出入库单，补充科目信息，单击工具栏中的"生成"按钮，生成凭证信息(借记：库存商品；贷记：库存商品)。

④ 保存：单击工具栏中的"保存"按钮，完成其他出入库凭证任务，结果如图6-2-6、图6-2-7所示。

⑤ 退出：单击窗口中的"关闭"按钮，退出任务窗口。

凭证类型	记 记账凭证																
选择	单据类型	业务类型	单据号	摘要	科目类型	科目编码	科目名称	借方金额	贷方金额	借方数量	贷方数量	科目方向	存货编码	存货名称	存货代码	规格型号	部门编码	部门名称
1	调拨单	调拨出库	0000000001	调拨单	存货	1405	库存商品		174.50...		50.00	2	0001	意式家...		5	仓管部	C01
		调拨入库			存货	1405	库存商品	174.50...		50.00		1	0001	意式家...		5	仓管部	C01
合计								174.50...	174.50...								

图 6-2-6 生成凭证设置

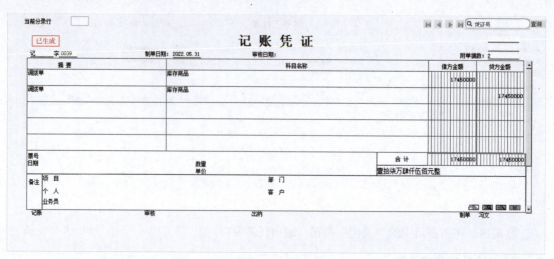

图 6-2-7　其他入库单凭证

实训三　存货盘点业务

实训任务

2022年5月31日，进行期末库存盘点。原始单据可参见图6-3-1。

库存商品实存账存对比表

盘点单位：仓管部各仓库　　　　　　　盘点日期：2022年05月31日

商品名称	规格型号	计量单位	单价	账面结存		实际盘存		升溢		损耗		升溢损耗原因
				数量	金额	数量	金额	数量	金额	数量	金额	
TKH电烤箱		台	1,699.00	800		802		2	3,398.00			收发计量差错
Toffy电烤箱		台	429.00	305		303				2	858.00	仓储人员失职
合计				1105		1105		2	3,398.00		858.00	

填制：(略)　　　　　　　　　复核：(略)　　　　　　　　　主管：(略)

图 6-3-1　库存商品盘点表

任务解析

1. 背景知识

为了保证企业库存资产的安全和完整，做到账实相符，企业必须对存货进行定期或不定期的清查，查明存货盘盈、盘亏、损毁的数量及造成的原因，并据以编制存货盘点报告表，按规定程序，报有关部门审批。

U8+中的盘点是指将仓库中存货的实物数量和账面数量进行核对。库存管理系统提供了盘点单来定期对仓库中的存货进行盘点。存货盘点报告表，是证明企业存货盘盈、盘亏和毁损并据以调整存货实存数的书面凭证，经企业领导批准后，即可作为原始凭证入账。对于存货的盘盈盘亏，应及时办理存货的账务手续，按盘盈盘亏存货的计划成本或估计成本，调整存货账面数，记入"待处理财产损溢"科目。

(1) 存货的盘盈

企业对于盘盈的存货，根据存货盘点报告表所列金额，做如下处理。

借：存货(如库存商品、原材料等)
　　贷：待处理财产损溢/待处理流动资产损溢

(2) 存货的盘亏

企业对于盘亏的存货，根据存货盘点报告表所列金额，做如下处理。

借：待处理财产损溢/待处理流动资产损溢
　　贷：存货(如库存商品、原材料等)

购进的存货发生非正常损失引起存货盘亏，做如下处理。

借：待处理财产损溢/待处理流动资产损溢
　　贷：存货(如库存商品、原材料等)
　　　　应交税费/应交增值税/进项税额转出

经查明原因和有关部门批准后，盘盈的存货应冲减当期的管理费用；盘亏的存货在减去过失人或保险公司等赔款和残值收入后，计入当期管理费用，属于非常损失的，计入营业外支出。存货盘点业务流程如图6-3-2所示。

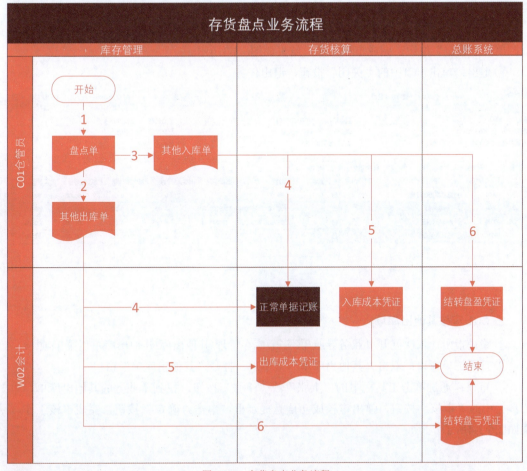

图 6-3-2　存货盘点业务流程

2. 岗位说明

仓管C01完成库存管理系统的相关操作。

会计W02完成存货核算和应收款管理系统的相关操作。

实训指引

1. C01 盘点

① 角色登录：以"仓管C01，操作日期2022年5月31日"登录企业应用平台。

② 路径指引：依次展开"供应链/库存管理/盘点业务/盘点单"菜单项。

③ 打开生单窗口：双击"盘点单"菜单项，打开"盘点单"窗口。

④ 生单：单击工具栏中的"增加"按钮，新增一张盘点单。在表头部分设置"盘点仓库"为"电烤箱仓库"，"出库类别"为"盘亏出库"，"入库类别"为"盘盈入库"，"部门"为"仓管部"，"经手人"为"李浩"。

⑤ 盘库：单击工具栏中的"盘库"按钮，弹出"盘库将删除未保存的所有记录，是否继续？"信息提示框，单击"是"按钮，弹出"盘点处理"对话框，选择"盘点方式"为"按仓库盘点"，单击"确认"按钮。在表体部分设置"TKH电烤箱"的"盘点数量"为"802"，单价为"1,699.00"，"Toffy电烤箱"的"盘点数量"为"303"，单价为"429.00"，其他存货实盘数量和账面数量一致。

⑥ 保存、审核：依次单击工具栏中的"保存"及"审核"按钮，弹出审核成功信息提示框，单击"确定"按钮，完成审核工作，结果如图6-3-3所示。

⑦ 退出：单击窗口中的"关闭"按钮，退出任务。

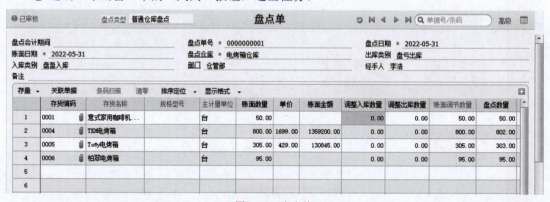

图 6-3-3　盘点单

2. C01 审核其他出库单

① 路径指引：依次展开"业务导航/供应链/库存管理/其他出库/其他出库单"菜单项。

② 打开生单窗口：双击"其他出库单"菜单项，打开"其他出库单"窗口。

③ 审核：通过单击工具栏中的"上张"或"下张"按钮，找到本业务的其他出库单，单击工具栏中的"审核"按钮，弹出审核成功信息提示框，单击"确定"按钮，完成审核工作，结果如图6-3-4所示。

图 6-3-4 其他出库单

④ 退出：单击窗口中的"关闭"按钮，退出任务窗口。

3. C01 审核其他入库单

① 路径指引：依次展开"业务导航/供应链/库存管理/其他入库/其他入库单"菜单项。

② 打开生单窗口：双击"其他入库单"菜单项，打开"其他入库单"窗口。

③ 审核：单击工具栏中的"上张"或"下张"按钮，找到本业务其他入库单，再单击工具栏中的"审核"按钮，弹出审核成功信息提示框，单击"确定"按钮，完成审核工作，结果如图6-3-5所示。

④ 退出：单击窗口中的"关闭"按钮，退出任务窗口。

图 6-3-5 其他入库单

4. W02 正常单据记账

① 角色登录：以"会计W02，操作日期2022年5月31日"登录企业应用平台。

② 路径指引：依次展开"业务导航/供应链/存货核算/记账/正常单据记账"菜单项。

③ 打开记账窗口：双击"正常单据记账"菜单项，单击"查询"按钮，弹出"查询条件"对话框，单击"确定"按钮，打开"未记账单据一览表"窗口。

④ 记账：选中本业务的其他出入库单，单击工具栏中的"记账"按钮，弹出记账成功信息提示框，单击"确定"按钮，完成记账任务。

⑤ 退出：单击窗口中的"关闭"按钮，退出任务窗口。

5. W02 归集其他出入库凭证

① 路径指引：依次展开"供应链/存货核算/凭证处理/生成凭证"菜单项。

② 打开制单窗口：双击"生成凭证"菜单项，打开"选择单据"窗口。单击工具栏中的"选单"按钮，弹出"查询条件"对话框，单击"确定"按钮，打开"选择单据"窗口。

③ 制单：选中本业务的其他出入库单，补充科目信息，单击工具栏中的"生成"按钮，生成如下凭证信息。

- 其他入库单凭证信息(借记：库存商品；贷记：待处理财产损溢/待处理流动资产损溢)。
- 其他出库单凭证信息(借记：待处理财产损溢/待处理流动资产损溢；贷记：库存商品)。

④ 保存：单击工具栏中的"保存"按钮，完成其他出入库凭证任务，结果如图6-3-6及图6-3-7所示。

⑤ 退出：单击窗口中的"关闭"按钮，退出任务窗口。

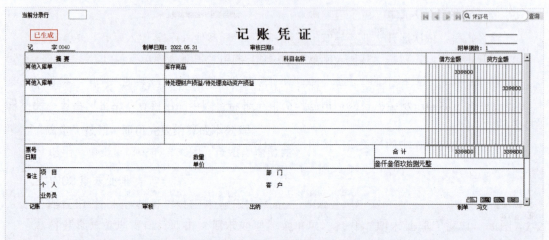

图6-3-6 其他入库单凭证

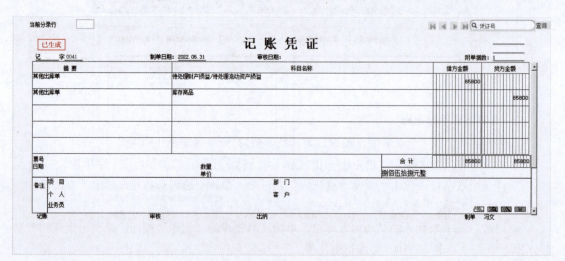

图6-3-7 其他出库单凭证

6. W02 归集盘亏盘盈凭证

① 路径指引:依次展开"业务导航/财务会计/总账/凭证/填制凭证"菜单项。

② 打开制单窗口:双击"填制凭证"菜单项,打开"填制凭证"窗口。

③ 盘亏制单:单击工具栏中的"增加"按钮,打开一张空白的记账凭证,编辑如下信息。

- "摘要"为"盘亏处理"。
- 第1行"科目名称"为"1221/其他应收款","借方金额"为"969.54"。
- 第2行"科目名称"为"190101/待处理财产损溢/待处理流动资产损溢","贷方金额"为"858.00"。
- 第3行"科目名称"为"22210102/应交税费/应交增值税/进项税额转出","贷方金额"按"="键,系统自动填充贷方金额为"111.54"。

④ 保存:单击工具栏中的"保存"按钮,完成盘亏凭证,结果如图6-3-8所示。

图 6-3-8 盘亏处理凭证

⑤ 盘盈制单:单击工具栏中的"增加"按钮,打开一张空白的记账凭证,编辑如下信息。

- "摘要"为"盘盈处理"。
- 第1行"科目名称"为"190101/待处理财产损溢/待处理流动资产损溢","借方金额"为"3,398.00";
- 第2行"科目名称"为"6602/管理费用","借方金额"按"="键,系统自动填充借方金额为"3,398.00"(红字)。

⑥ 保存:单击工具栏中的"保存"按钮,完成盘盈凭证,结果如图6-3-9所示。

⑦ 退出:单击窗口中的"关闭"按钮,退出任务。

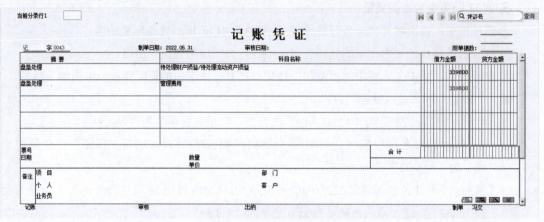

图 6-3-9 盘盈处理凭证

项目七 存货核算

实训一 存货跌价准备业务

实训任务

2022年5月31日,接采购部通知,部分库存商品期末可变现净值低于成本,按要求计提存货跌价准备。原始单据可参见图7-1-1。

库存商品减值表

部门:采购部　　　　　　　日期:2022年5月31日　　　　　　　　　　单价:元

商品名称	规格型号	计量单位	成本单价	可变现净值单价
Toffy电烤箱		台	429.00	400.00
柏翠电烤箱		台	1,398.00	1,298.00

填制:(略)　　　　　　　复核:(略)　　　　　　　　　　　主管:(略)

图 7-1-1　库存商品减值表

任务解析

1. 背景知识

(1) 库存管理与存货核算的区别

库存管理和存货核算管理的对象都是企业的存货。库存管理是从物流的角度侧重管理存货出入库及结存的数量。存货核算是从资金的角度管理存货的出入库业务,核算企业的入库成本、出库成本和结余成本,及时准确地把各类存货成本归集到各成本项目和成本对象上,为企业的成本核算提供基础数据。

(2) 计提存货跌价准备

资产负债表日,存货应当按照成本与可变现净值孰低计量。因为存货遭受毁损、全部或部分陈旧过时、销售价格低于成本等,使存货成本高于其可变现净值的,应计提存货跌价准备。存货跌价准备应按单个存货项目的成本高于其可变现净值的差额提取,并计入存货跌价损失。

2. 岗位说明

会计W02完成存货核算系统的相关操作。

实训指引

1. W02 跌价处理

① 角色登录：以"会计W02，操作日期2022年5月31日"登录企业应用平台。

② 路径指引：依次展开"业务导航/供应链/存货核算/跌价准备/计提跌价准备"菜单项。

③ 打开生单窗口：双击"计提跌价准备"菜单项，打开"计提跌价处理单"窗口。

④ 生单：单击工具栏中的"增加"按钮，生成一张空白的"计提跌价处理单"，编辑如下信息。

- 表头部分："部门"为"采购部"，其他项默认。
- 表体部分：第1行"存货"为"0005/Toffy电烤箱"，"可变现价格"为"400.00"；第2行"存货"为"0006/柏翠电烤箱"，"可变现价格"为"1,298.00"，其他项默认。

⑤ 保存、审核：依次单击工具栏中的"保存"及"审核"按钮，弹出审核成功信息提示框，单击"确定"按钮，完成审核工作，结果如图7-1-2所示。

⑥ 退出：单击窗口中的"关闭"按钮，退出任务。

行	存货编码	存货名称	规格型号	计量单位	结存数量	结存单价	结存金额	可变现价格	可变现金额	应计提金额	已计提金额	本次计提金额	本次回冲金额
1	0005	Toffy电烤箱		台	303.00	429.00	129987.00	400.00	121200.00	8787.00	0.00	8787.00	
2	0006	柏翠电烤箱		台	95.00	1398.00	132810.00	1298.00	123310.00	9500.00	0.00	9500.00	

图7-1-2 计提跌价处理单

2. W02 归集跌价准备凭证

① 路径指引：依次展开"供应链/存货核算/跌价准备/跌价准备制单"菜单项。

② 打开制单窗口：双击"跌价准备制单"菜单项，打开"生成凭证"对话框，单击工具栏中的"选单"按钮，打开"选择单据"窗口。

③ 制单：选中本业务的跌价处理单，单击工具栏中的"确定"按钮，返回"生成凭证"窗口，补充相关科目信息。单击工具栏中的"合并制单"按钮，生成凭证信息(借记：资产减值损失；贷记：存货跌价准备)。

④ 保存：单击工具栏中的"保存"按钮，完成跌价准备凭证任务，结果如图7-1-3所示。

⑤ 退出：单击窗口中的"关闭"按钮，退出任务。

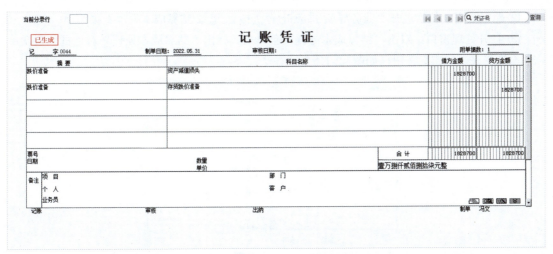

图 7-1-3 计提存货跌价准备凭证

实训二 期末处理业务

实训任务

2022年5月31日,处理本月暂估业务并进行存货期末处理。

任务解析

1. 背景知识

U8+系统提供了6种存货核算方式,工业企业为计划价法、全月平均法、移动平均法、先进先出法、后进先出法和个别计价法;商业企业为售价法、全月平均法、移动平均法、先进先出法、后进先出法和个别计价法。如果选择了移动平均法、先进先出法、后进先出法和个别计价法计价,可以在业务发生的同时结转出库成本,而如果采用计划价/售价法和全月平均法,则需要待全部处理完当月日常业务后,才能计算按全月平均方式核算的存货的全月平均单价及其本会计月出库成本、计算按计划价/售价方式核算的存货的差异率/差价率及其本会计月的分摊差异/差价,这就是存货核算系统期末处理的意义。

存货核算期末处理应在采购管理和销售管理系统结账处理后进行。

2. 岗位说明

会计W02完成存货核算系统的相关操作。

实训指引

1. W02 结算成本处理

① 角色登录:以"会计W02,操作日期2022年5月31日"登录企业应用平台。

② 路径指引：依次展开"业务导航/供应链/存货核算/记账/结算成本处理"菜单项。

③ 打开处理窗口：双击"结算成本处理"菜单项，弹出"结算成本处理"对话框，依次单击"全选"及"确定"按钮，如图7-2-1所示。

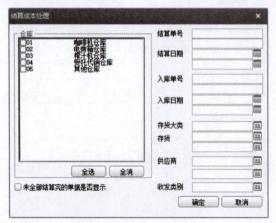

图 7-2-1 结算成本处理

④ 结算：进入"结算成本处理"窗口，单击"选择"栏，或者单击"全选"按钮，选中要暂估的结算单，单击工具栏中的"结算处理"按钮，弹出"结算成本处理完成"信息提示框，单击"确定"按钮，即可完成结算成本处理。

⑤ 退出：单击窗口中的"关闭"按钮，退出任务。

2. W02 期末处理

① 路径指引：依次展开"供应链/存货核算/记账/期末处理"菜单项。

② 打开期末处理窗口：双击"期末处理"菜单项，打开"期末处理"窗口，如图7-2-2所示。

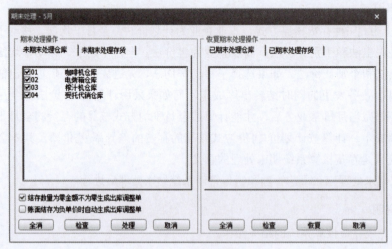

图 7-2-2 "期末处理"窗口

③ 期末处理：选择所有仓库，选中"账面结存为负单价时自动生成出库调整单"复选框，单击"处理"按钮，弹出"期末处理完毕！"信息提示框，单击"确定"按钮，完成期末处理工作，结果如图7-2-3所示。

④ 退出：单击窗口中的"关闭"按钮，退出任务。

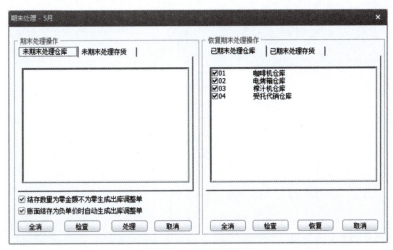

图 7-2-3　仓库处理完成

项目八 期末处理

实训一 月末结账

实训任务

2022年5月31日,公司对采购管理、销售管理、库存管理、存货核算、应收款管理、应付款管理及总账7个子系统进行月末结账。

任务解析

1. 背景知识

供应链管理期末处理主要包括两项内容:期末处理和月末结账。在采购管理、销售管理、库存管理、存货核算集成应用模式下,期末处理只涉及存货核算子系统,月末结账则涉及所有系统。

月末结账表示本期业务处理终结。在财务业务一体化各系统集成应用时,期末结账要遵从一定的顺序。按照子系统之间的数据传递关系,各子系统结账的先后顺序如下。

① 采购管理、销售管理。
② 应付款管理、应收款管理、库存管理。
③ 存货核算。
④ 总账。

2. 岗位说明

采购G01完成采购管理系统的相关操作。
销售X01完成销售管理系统的相关操作。
仓管C01完成库存管理系统的相关操作。
会计W02完成存货核算、应收款管理、应付款管理、总账系统的相关操作。
出纳W03完成出纳签字操作。
主管W01完成审核凭证操作。

实训指引

1. G01 采购管理系统月末结账

① 角色登录：以"采购G01，操作日期2022年5月31日"登录企业应用平台。

② 路径指引：依次展开"供应链/采购管理/月末结账/月末结账"菜单项。

③ 打开"结账"对话框：双击"月末结账"菜单项，打开"结账"对话框，如图8-1-1所示。

④ 结账：选择会计月份"5"，单击"结账"按钮，弹出"月末结账"信息提示框，提示"是否关闭订单"，单击"否"按钮，系统自动进行月末结账，将所选月份的采购单据按会计期间分月记入有关账表中，如图8-1-2所示。

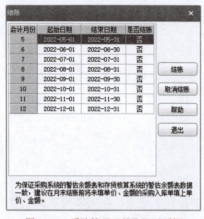

图 8-1-1　采购管理"结账"对话框

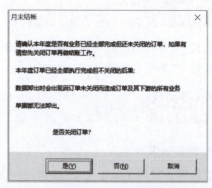

图 8-1-2　"月末结账"信息提示框

⑤ 退出：单击窗口中的"关闭"按钮，退出任务。

❖ **特别提醒：**

◇ 采购管理系统的月末结账，可以对多个月的单据一次性结账，但不允许跨月结账。

◇ 只有对采购管理系统进行了月末处理，才能对库存管理、存货核算和应付款管理系统进行月末处理。

◇ 若采购管理系统要取消月末结账，则必须先取消库存管理、存货核算和应付款管理的月末结账；若它们中的任何一个系统不能取消月末结账，则采购管理系统的月末结账也不能被取消。

2. X01 销售管理系统月末结账

① 角色登录：以"销售X01，操作日期2022年5月31日"登录企业应用平台。

② 路径指引：依次展开"供应链/销售管理/月末结账/月末结账"菜单项。

③ 打开"结账"对话框：双击"月末结账"菜单项，打开"结账"对话框，如图8-1-3所示。

④ 结账：选择会计月份"5"，单击"结账"按钮，弹出"销售管理"信息提示框，单击"否"按钮，系统自动进行月末结账，将所选月份的销售单据按会计期间分月记入有关账表中，如图8-1-4所示。

图 8-1-3 销售管理"结账"对话框

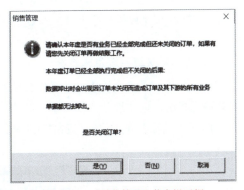

图 8-1-4 "销售管理"信息提示框

⑤ 退出：单击窗口中的"关闭"按钮，退出任务。

> ❖ **特别提醒：**
>
> ◇ 只有对销售管理系统进行了月末处理，才能对库存管理、存货核算和应收款管理系统进行月末处理。
>
> ◇ 若库存管理、存货核算和应收款管理系统中的任何一个系统不能取消月末结账，则销售管理系统的月末结账也不能被取消。

3. C01 库存管理系统月末结账

① 角色登录：以"仓管C01，操作日期2022年5月31日"登录企业应用平台。

② 路径指引：依次展开"供应链/库存管理/月末处理/月末结账"菜单项。

③ 打开"结账"对话框：双击"月末结账"菜单项，打开"结账"对话框，如图8-1-5所示。

④ 结账：选择会计月份"5"，单击"结账"按钮，弹出"库存管理"信息提示框，单击"是"按钮，系统自动完成月末结账，如图8-1-6所示。

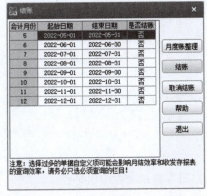

图 8-1-5 库存管理"结账"对话框

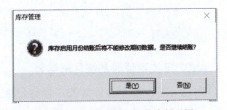

图 8-1-6 "库存管理"信息提示框

⑤ 退出：单击窗口中的"关闭"按钮，退出任务。

> ❖ **特别提醒：**
> ◆ 只有对采购和销售管理系统进行月末结账之后，才能对库存管理系统进行月末处理。
> ◆ 只有在存货核算系统当月末结账或取消结账后，库存管理系统才能取消结账。

4. W02 存货核算系统月末结账

① 角色登录：以"会计W02，操作日期2022年5月31日"登录企业应用平台。

② 路径指引：依次展开"供应链/存货核算/记账/月末结账"菜单项。

③ 打开"结账"对话框：双击"月末结账"菜单项，打开"结账"对话框，如图8-1-7所示。

图 8-1-7　存货核算"结账"对话框

④ 月结检查：单击"结账"对话框中的"月结检查"按钮，系统开始进行合法性检查；若检查通过，则弹出"检测成功"信息提示框，单击"确定"按钮。

⑤ 结账：单击"结账"按钮，系统完成月末结账并弹出"月末结账完成"信息提示框，单击"确定"按钮。

⑥ 退出：单击窗口中的"关闭"按钮，退出任务。

> ❖ **特别提醒：**
> ◆ 只有对采购、销售和库存管理系统进行月末结账之后，才能对存货核算系统进行月末结账处理。
> ◆ 在进行存货核算系统月末结账后，只有以下一个会计期间的时间登录U8+系统，才能恢复月末结账。

5. W02 应收款管理系统月末结账

① 角色登录：以"会计W02，操作日期2022年5月31日"登录企业应用平台。

② 路径指引：依次展开"财务会计/应收款管理/期末处理/月末结账"菜单项。

③ 打开"结账"对话框：双击"月末结账"菜单项，打开"月末处理"对话框，如图8-1-8所示。

④ 结账：双击"五月"的"结账标志"栏，使其出现"Y"字样，如图8-1-8所示，然后单

击"下一步"按钮,弹出如图8-1-9所示的对话框,单击"完成"按钮,弹出"5月份结账成功"信息提示框,表示系统已经自动结账完成。

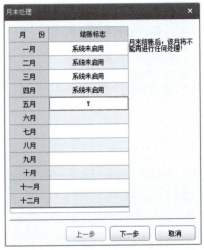

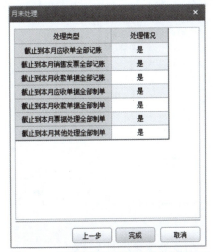

图 8-1-8　应收款管理"月末处理"对话框 1　　　图 8-1-9　应收款管理"月末处理"对话框 2

⑤退出：单击窗口中的"关闭"按钮,退出任务。

❖ **特别提醒：**

◇ 只有在销售管理系统结账后,才能对应收款管理系统进行结账处理。

◇ 因为本账套设置的审核日期为单据日期,所以本月的单据(发票和应收单)在结账前需要全部审核。但若设置的审核日期为业务日期,则截止到本月末还有未审核单据的(发票和应收单),照样可以进行月结处理。

◇ 如果本月的收款单还有未审核的,则不能结账。

6. W02 应付款管理系统月末结账

①角色登录：以"会计W02,操作日期2022年5月31日"登录企业应用平台。

②路径指引：依次展开"财务会计/应付款管理/期末处理/月末结账"菜单项。

③打开"结账"对话框：双击"月末结账"菜单项,打开"月末处理"对话框,如图8-1-10所示。

④结账：双击"五月"的"结账标志"栏,使其出现"Y"字样,如图8-1-10所示,然后单击"下一步"按钮,再单击"完成"按钮,弹出"5月份结账成功"信息提示框,表示系统已自动结账完成,如图8-1-11所示。

⑤退出：单击窗口中的"关闭"按钮,退出任务。

❖ **特别提醒：**

◇ 只有在采购管理系统结账后,才能对应付系统进行结账处理。

◇ 因为本账套设置的审核日期为单据日期,所以需要在结账前全部审核本月的单据(发票和应付单)。但若设置的审核日期为业务日期,则截止到本月末还有未审核单据的(发票和应付单),照样可以进行月结处理。

◇ 如果本月的付款单还有未审核的,则不能结账。

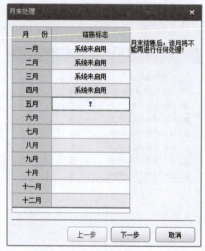
图 8-1-10 应付款管理"月末处理"对话框 1

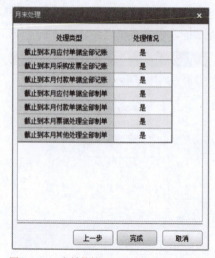
图 8-1-11 应付款管理"月末处理"对话框 2

7. W02 总账系统月末结账

(1) W03 出纳签字

① 角色登录：以"出纳W03，操作日期2022年5月31日"登录企业应用平台。

② 路径指引：依次展开"财务会计/总账/凭证/出纳签字"菜单项。

③ 打开"出纳签字列表"窗口：双击"出纳签字"菜单项，弹出"出纳签字"对话框，单击"确定"按钮，打开"出纳签字列表"窗口。

④ 出纳签字：双击任意凭证所在的行，进入该凭证的"出纳签字"窗口，查阅信息无误后，选择下拉工具栏中的"签字"命令，选择"成批出纳签字"选项，系统弹出签字情况对话框，单击"确定"按钮，弹出"是否重新刷新凭证列表数据"信息提示框，单击"是"按钮，即在凭证下方"出纳"处显示"黄健"的名字，表示出纳签字完成。

⑤ 退出：单击窗口中的"关闭"按钮，退出任务。

(2) W01 审核

① 角色登录：以"财务主管W01，操作日期2022年5月31日"登录企业应用平台。

② 路径指引：依次展开"财务会计/总账/凭证/审核凭证"菜单项。

③ 打开"凭证审核列表"窗口：双击"审核凭证"菜单项，进入"凭证审核"对话框，单击"确定"按钮，打开"凭证审核列表"窗口。

④ 会计主管审核：双击任意凭证所在的行，进入该凭证的"审核凭证"窗口，审核信息无误后选择下拉工具栏中的"审核"命令，选择"成批审核凭证"选项，系统弹出审核情况对话框，单击"确定"按钮，弹出"是否重新刷新凭证列表数据"信息提示框，单击"是"按钮，即在凭证下方"审核"处显示"周琪"的名字，表示主管审核工作完成。

⑤ 退出：单击窗口中的"关闭"按钮，退出任务。

(3) W02 记账

① 角色登录：以"会计W02，操作日期2022年5月31日"登录企业应用平台。

② 路径指引：依次展开"财务会计/总账/凭证/记账"菜单项。

③ 打开"记账"窗口：双击"记账"菜单项，打开"记账"对话框。

④ 记账：先单击对话框中的"全选"按钮，再单击"记账"按钮，弹出"期初试算平衡

表"对话框，单击"确定"按钮，系统自动记账完成。

⑤退出：单击窗口中的"关闭"按钮，退出任务。

(4) W02总账系统月末结账

①路径指引：依次展开"财务会计/总账/期末/结账"菜单项。

②打开"结账"对话框：双击"结账"菜单项，打开"结账"对话框。

③对账：单击要结账的月份"2022.05"，然后单击"下一步"按钮，再单击"对账"按钮，系统对要结账的月份进行账账核对。

④结账：单击"下一步"按钮，系统显示"2022年05月工作报告"，单击"下一步"按钮，若符合结账要求，则系统自动进行结账，否则不予结账，如图8-1-12所示。

⑤退出：单击对话框中的"关闭"按钮，退出任务。

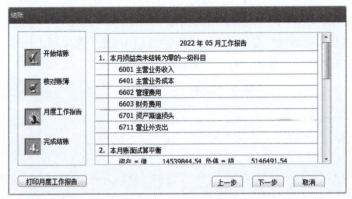

图8-1-12 "2022年05月工作报告"对话框

> ❖ **特别提醒：**
> ◇ 若本月还有未记账凭证(包括作废凭证)时，则本月不能结账，因此在总账结账前要对所有的凭证进行出纳签字、审核、记账。
> ◇ 结账只能由有结账权的人进行。
> ◇ 结账必须按月连续进行，若上月未结账，则本月不能结账。
> ◇ 若总账与明细账对账不符，则不能结账。

实训二 账表查询

实训任务

查询2022年5月份的销售收入明细账和Toffy电烤箱的存货明细账。

任务解析

1. 背景知识

用友U8+供应链各子系统中提供了丰富的业务账表，通过查询业务账表，可以随时了解业务动态，监控业务过程，实现对业务过程的事中控制、事后分析，有效提高管理效率和管理水平。

2. 岗位说明

销售X01完成销售系统的相关操作。

会计W02完成存货核算系统的相关操作。

实训指引

1. X01 查询销售收入明细账

① 角色登录：以“销售X01，操作日期2022年5月31日”登录企业应用平台。

② 路径指引：依次展开“业务导航/供应链/销售管理/报表/明细表/销售收入明细账”菜单项。

③ 打开“销售收入明细账”窗口：双击“销售收入明细账”菜单项，打开“查询条件—销售明细表”窗口。单击“确定”按钮，打开“销售收入明细账”窗口，如图8-2-1所示。

销售收入明细账

查询方案：暂无查询方案，请点击“更多>>”添加，有助于您更加方便快捷的进行查询！

查询条件：开票日期 2022-05-01 到 2022-05-31 存货编码 到

	年	月	日	销售类型	单据类型	发票号	存货名称	数量	无税单价	含税单价	金额	税额	价税合计	折扣
1	2022	5	11	普通销售	销售专…	03755652	Toffy电烤箱	300.00	500.00	565.00	150,00…	19,50…	169,500…	
2	2022	5	11	普通销售	销售专…	03755652	柏翠电烤箱	400.00	1,500.00	1,695.00	600,00…	78,00…	678,000…	
3	2022	5	14	普通销售	销售专…	03755653	TKH电烤箱	500.00	1,800.00	2,034.00	900,00…	117,0…	1,017,0…	
4	2022	5	15	普通销售	销售专…	03755654	SMMCK榨汁机	300.00	1,000.00	1,130.00	300,00…	39,00…	339,000…	
5	2022	5	15	普通销售	销售专…	03755654	摩飞便捷式…	300.00	300.00	339.00	90,000…	11,70…	101,700…	
6	2022	5	16	直运销售	销售专…	03755655	复古胶囊咖…	300.00	2,500.00	2,825.00	750,00…	97,50…	847,500…	
7	2022	5	16	直运销售	销售专…	03755655	雀巢F11胶囊…	300.00	1,800.00	2,034.00	540,00…	70,20…	610,200…	
8	2022	5	20	普通销售	销售专…	03755657	意式家用咖…	250.00	4,000.00	4,520.00	1,000,…	130,0…	1,130,0…	
9	2022	5	20	销售退货	销售专…	03755656	Toffy电烤箱	-5.00	500.00	565.00	-2,500…	-325.00	-2,825.00	
10	2022	5	21	普通销售	销售专…	03755658	TKH电烤箱	180.00	1,800.00	2,034.00	324,00…	42,12…	366,120…	
11	2022	5	21	普通销售	销售专…	03755658	雀巢F11胶囊…	180.00	1,800.00	2,034.00	324,00…	42,12…	366,120…	
12	2022	5	22	普通销售	销售专…	03755659	TKH电烤箱	120.00	1,800.00	2,034.00	216,00…	28,08…	244,080…	
13	2022	5	22	普通销售	销售专…	03755659	雀巢F11胶囊…	120.00	1,800.00	2,034.00	216,00…	28,08…	244,080…	
14	2022	5	31	委托代销	销售专…	0000000001	复古胶囊咖…	300.00	2,500.00	2,825.00	750,00…	97,50…	847,500…	
15	2022	5	31	委托代销	销售专…	0000000001	雀巢F11胶囊…	300.00	1,800.00	2,034.00	540,00…	70,20…	610,200…	
16	2022	(…						3,845…	1,741.87	1,968.32	6,697,…	870,6…	7,568,1…	
17	(…							3,845…	1,741.87	1,968.32	6,697,…	870,6…	7,568,1…	
18	总计							3,845…	1,741.87	1,968.32	6,697,…	870,6…	7,568,1…	

图 8-2-1 “销售收入明细账”窗口

④ 退出：单击窗口中的“关闭”按钮，退出任务。

2. W02 查询“Toffy 电烤箱”存货明细账

① 角色登录：以“会计W02，操作日期2022年5月31日”登录企业应用平台。

② 路径指引：依次展开“供应链/存货核算/账簿/明细账”菜单项。

③ 打开“明细账”窗口：双击“明细账”菜单项，打开“明细账查询”窗口。选择“仓库”为“电烤箱仓库”，“商品分类”为“电烤箱”，“商品编码”为“Toffy电烤箱”，单击“确定”按钮，打开“明细账”窗口，如图8-2-2所示。

④ 退出：单击窗口中的“关闭”按钮，退出任务。

明细账

仓库：(02) 电烤箱仓库
商品：(0005)Toffy电烤箱 规格型号：
计量单位：台 存货代码：
最高存量： 最低存量： 安全库存量：
批号：

记账日期	2022年 月	日	凭证号	摘要 凭证摘要	收发类别	收入 数量	单价	金额	发出 数量	单价	金额	结存 数量	单价	金额
				期初结存								300.00	429.00	128,700....
2022-05-...	5	4	记 4	采购入库单	采购入库	300.00	429.00	128,700....				600.00	429.00	257,400....
2022-05-...	5	11	记 16	专用发票	销售出库				300.00	429.00	128,700....	300.00	429.00	128,700....
2022-05-...	5	20	记 27	专用发票	销售退货				-5.00	429.00	-2,145.00	305.00	429.00	130,845....
2022-05-...	5	31	记 41	其他出库单	盘亏出库				2.00	429.00	858.00	303.00	429.00	129,987....
				5月合计		300.00		128,700....	297.00		127,413....	303.00	429.00	129,987....
				本年累计		300.00		128,700....	297.00		127,413....			

图 8-2-2　Toffy 电烤箱明细账